KB210701

real
리얼

리얼

제이미 스나이더

규장

사랑하는 아내와 자랑스런 아이들,
그리고 만왕의 왕 되신 나의 예수님께
이 책을 바칩니다.

예수님을 따르는 것의
진정한 의미를 알라

카일 아이들먼 Kyle Idleman
《팬인가 제자인가》와 《거짓신들의 전쟁》의 저자

내 친구 가운데 한 명이 남아프리카공화국에서 선교사로 사역하고 있다. 그곳의 교회는 끊임없는 박해에도 불구하고 날로 성장하고 있다. 최근 그와 이야기를 나누던 중, 그곳에서 새롭게 일어나는 많은 교회들이 그리스도를 따르고자 하는 사람들에게 어려운 질문을 던지고 있다는 말을 들었다. 과연 그들이 그리스도인이 되기 위한 희생을 치르고 있는지 점검하기 위해서였다. 그 질문들 가운데 몇 가지는 다음과 같다.

◇ 가족을 버릴 각오가 되어 있습니까?

◇ 일자리를 잃을 각오가 되어 있습니까?

◇ 당신을 핍박하는 사람을 기꺼이 용서하겠습니까?

◈ 믿음을 지키기 위해 매를 맞고 감옥에 갇힐 각오가 되어 있습니까?

◈ 예수님을 위해 죽을 각오가 되어 있습니까?

당신이 예수님을 따르기로 결단할 때 이런 질문을 받은 적이 있는가? 아마 없을 것이다. 나 또한 그렇다. 어쩌면 당신은 다음과 같은 질문을 받았을지도 모른다.

◈ 대중들 앞에서 손을 들고 찬양하시겠습니까?

◈ 입을 열어 반복적으로 기도하시겠습니까?

◈ 당신의 '페이스북'Facebook 프로필을 '그리스도를 따르는 사람'이라고 변경 하시겠습니까?

이런 질문 자체에 문제가 있는 것은 아니다. 그러나 당신은 나와 마찬가지로 더 강한 도전을 받기 원하는 마음이 있을 것이다. 나는 지금 신앙의 자유가 보장되는 나라에서 살고 있다는 사실에 감사드린다. 박해의 두려움 없이 하나님을 예배할 수 있는 특권을 누릴 수 있어서 감사드린다. 그러나 위의 세 가지 질문보다 더 어려운 질문에 기꺼이 대답하는 것이 우리에게 필요하다고 생각한다.

이 책은 몇 가지 도전적인 질문을 제기한다. 그 질문은 '당신이 단지 예수님의 존재를 믿는 사람인가 아니면 진정으로 예수님을 따르는 사람인가' 하는 문제에 대해 자신을 정직하게 바라볼 수 있게 도와줄 것이다.

예수님을 따르는 것에 관한 책을 읽을 때 독자들이 꼭 점검해야 할 중요한 질문이 있다.

"이 책의 저자는 예수님을 따르는 사람인가?"

아마 당신은 이렇게 반문할지도 모른다.

"당연히 예수님을 따르는 사람이니까 그런 책을 썼겠지요."

어떤 사람이 요리책을 쓴다고 하면 당신은 그 사람이 꽤 훌륭한 요리사라고 생각할 것이다. 다이어트와 운동에 관한 책을 쓴다고 하면 그 사람이 무척이나 근사한 체형을 가졌을 것이라고 상상할 것이다. 하지만 우리는 대부분 몇 가지 의심을 품기에 충분할 만큼 냉소적인 현실을 지금까지의 경험을 통해 알고 있다. 단지 어떤 사람이 어떤 분야에 관한 올바른 정보를 갖고 있다고 해서 그 분야의 전문가는 아니다.

하지만 이 책의 저자는 진짜 영적인 실력을 갖추고 있다. 그는 단순하게 정보를 나열한 후에 적용하라고 하는 대신 당신을 고무하여 위험을 감수하게 하고 당신의 안전지대 밖으로 나와 기꺼이 예수님을 따르도록 만들어준다. 이 책이 저력 있는 이유는 예수님을 따르는 것에 관한 성경

이야기와 자신의 경험을 임팩트 있게 전달하기 때문이다. 오늘 나도 당신에게 도전한다. 이 책을 읽고, 예수님을 따르는 것이 진정으로 의미하는 바에 대해 눈을 뜨라. 용기를 갖고 당신 자신을 정직하게 평가한 후, 믿음으로 세상을 변화시키는 진짜 그리스도인의 삶을 누리라!

차 례

PART 03 THE REAL ANSWER
목숨을 걸 진짜 해답

THE REAL QUESTION

real

PART 01

진짜 중요한
질문

모나리자

진리는 늘 당신을 주시하고 있다

그녀의 시선

모나리자는 나를 오싹하게 만든다. 이 말이 당신에게 이상하게 들릴 수 있다. 그렇지만 마음을 열고 차근차근 내 이야기를 들어보면 어느덧 공감하게 될 것이다.

몇 해 전, 나는 한 성경공부 모임에서 모나리자를 교육용 시각자료로 활용한 적이 있다. 그때 혹시 모를 경우에 대비하여 여분의 모나리자 포스터 한 점을 더 구입하여 내 집무실 벽에 몇 주 동안 걸어놓았다. 처음에는 그녀가 내 집무실에 함께 있다는 사실을 거의 의식하지 못했다. 정말이지 그녀는 언제나 대단히 조용했기 때문이다.

그러나 오래지 않아 알아차리게 된 사실이 하나 있었다. 그것은 그녀가 나를 응시하기를 절대 중단하지 않는다는 것이었다. 내가 책상에 앉아 있을 때면 불타는 그녀의 시선이 내 몸에 구멍이라도 하나 뚫어놓을 기세였다. 소파에 앉아 있을 때도 그녀의 시선은 나를 따라왔다. 기도를 마치고 고개를 들 때마다 뚫어지게 나를 응시하고 있는 그녀의 시선과 마주쳤다. 내가 기도하는 시간만큼은 눈을 좀 감아주기를 바랐지만 모나리자는 은은한 시선으로 나를 응시하기를 결코 중단하지 않았다. 내가 포스터를 떼기 전까지 그녀는 단 한 번도 눈을 깜작거리지 않았다.

진리는 모나리자의 시선과 많이 닮았다. 어쩌면 모나리자의 눈이 진리를 많이 닮았다고 말해야 할지도 모르겠다. 진리는 결코 한눈을 팔지 않는다. 진리는 결코 당신에게서 눈길을 돌리지 않는다. 당신은 진리가 존재하지 않는 것처럼 행동할 수 있다. 마음의 눈을 감고 지낼 수도 있고 시선을 돌리거나 다른 방향을 바라볼 수도 있다.

그러나 진리는 모나리자처럼 결코 당신에게서 눈길을 돌리거나 눈을 깜박거리지 않는다.

철두철미한 선데이 크리스천

내 이름은 제이미Jamie이다. 나는 한 사람의 남편이요, 아버지요, 목회자요, 저술가요, 회복 중에 있는 '선데이 크리스천'Sunday Christian, 주일이면 으레 교회 예배에 출석하는 신자이다. 주일에 초점을 맞추어 신앙생활을 유지하던 습관은 어린 시절에 형성되었다.

나는 미국 중부의 매우 보수적인 교회에서 자랐다. 당신도 정통적 보수신앙을 강조하는 교회에서 성장했을지도 모르겠다. 아무튼 그 지방에는 보수신앙을 강조하는 교회가 유난히 많았다. 나는 그런 교회에서 하나님의 말씀을 배우며 나의 신앙의 토대를 세웠다. 내가 이 교회에서 정통적인 신앙 진리를 정립할 수 있었다는 점에 대하여 깊이 감사드린다.

우리는 주일 아침예배뿐 아니라 저녁예배도 결코 소홀히 하지 않는 철두철미한 주일의 신자들이었다. 누구든지 주일 아침예배 때 성만찬에 참여하지 못했다면 저녁예배 때 교인들이 찬송을 부르는 동안 예배당 앞줄에 나와 떡과 포도주를 먹으며 성만찬 의식을 행해야만 했다. 우리는 매주 주일 아침과 저녁에 기도를 드렸고, 찬양을 했으며, 성실하게 성경공부 모임에 참여했다.

거기까지는 좋았다. 그러나 문제가 하나 있었다. 내가 주일에 예배당 안에 있는 기독교 신앙을 온전히 이해했지만, 몇 가지 규칙을 준수하는 것과 식사기도를 제외하면, 그 신앙을 월요일에서부터 토요일까지 평일의 삶에 접목시키며 사는 법을 알지 못했다는 것이다.

그렇다고 이제 와서 교회 시스템을 분석하며 지난날을 후회하는 것은 무가치한 일이다. 당시 나의 영적 지도자 역할을 했던 교회 선생님이나 교역자들 역시 주일 중심적인 신앙을 갖도록 훈련받았고 자신들이 배운 대로 내게 전해주었을 뿐이다. 그들은 배우고 훈련받은 대로 충실하게 살았고 나도 똑같이 그렇게 살았다.

나는 20년 동안 주일 중심적인 신앙을 갖고 살았다. 그 신앙은 분명 예수님을 가르치고 있었지만 전적으로 주일의 종교 행위들에 더 기반을 두고 있었다. 물론 나는 이 사실을 깨달은 후로 지난 10년 동안 예수님과 친밀한 관계를 맺으며 진정한 예배자로 살기 위해 노력해왔다.

하지만 지금도 다음과 같은 질문을 하며 씨름하는 나 자신을 발견하곤 한다.

"만약에 주일이 존재하지 않는다면 내가 예수님을 따르는 사람이라는 것을 다른 사람들이 알 수 있을까?"

만일 지난 오랜 세월 동안 누가 내게 그렇게 질문했다면 나는 일말의 머뭇거림도 없이 단호하게 "예"라고 대답했을 것이다. 그러나 불행하게도 진짜 대답은 "아니오"이다.

내 주변 사람들은 내가 주일에 교회에 출석하는 사람이라는 것을 확실히 알고 있다. 내가 일요일에 교회에 가는 행위를 늘 광고하고 다녔기 때문이다. 그러나 평일에 나의 삶을 보며 예수님을 따르는 사람이라고 인정해줄 사람이 과거에는 거의 없었을 것 같다.

그렇다면 현재 모습은 많이 발전했을까? 평일에 내가 살아가는 모습을 보고, 예전보다 많은 사람이 내가 예수님을 따르는 사람이라는 것을 알아볼 수 있기를 소원한다. 그러나 그것은 나의 희망사항일 뿐 여전히 상황은 크게 좋아지지 않은 것 같다.

지금까지 고해성사를 하기 위해 고해소告解所에 들어가본 적은 없지만, 이 지면을 통해 정직하게 고백하고 싶다.

어쩌면 내가 목회자이기 때문에 더 그런지도 모르겠지만, 주일은 나의 신앙에서 너무나도 쉽게 우위를 차지한다. 사실 나의 생활은 여러 가지 방식으로 주일의 규제를 받는다. 월요일에서부터 토요일까지 주일 예배를 준비하면서 보낸다고 해도 과언이 아니다. 설교 원고를 작성하고, 예배를 계획하며, 봉사자들을 훈련시킨다. 예배 시간에 사용할 영상을 제작하고, 필요한 서류에 사인하며 모든 것을 주일 예배 전까지 마치려고 노력한다. 그러므로 각별히 주의를 기울이지 않으면 내 신앙은 너무나 쉽게 주일을 축으로 공전할 수밖에 없다.

나는 내가 스스로 던진 질문 때문에 계속 괴로워하고 있다. 물론 내가 제기하는 그 질문은 일차적으로 나에게 해당되는 것이지만 생각보다 많은 사람들에게 해당될 것이다. 당신 자신에게도 한번 물어보라.

"만약에 주일이 존재하지 않는다면 다른 사람들이 내가 예수님을 따르는 사람이라는 것을 알 수 있을까?"

내가 이러한 질문을 강조하는 이유가 있다. 대부분의 사람들은 어떤 사람이 일요일에 보이는 종교적 행위를 통해 그 사람이 그리스도인인지 아닌지의 여부를 판단하기 때문이다.

어쩌면 당신은 자신의 신앙을 주변 사람들에게 공표하는 유형이 아닐 수도 있다. 그러나 당신이 주일마다 교회에 꼬박꼬박 출석하는 사람이라면 주변 사람들과 대화하는 중에 자신도 모르게 신앙을 드러낼 확률이 높다. 그런데 만약에 주일이 없다면 당신은 주일마다 출석하는 장소라고 가리킬 수 있는 건물을 더는 갖지 못하게 될 것이다. 당신이 목회자라면 주일마다 사역하는 곳이라고 알려줄 예배당 건물이 존재하지 않게 될 것이다. 만약에 주일이 존재하지 않는다면 우리는 주일에 교회에 가서 하는 활동과 행위들을 우리가 예수님을 따르는 사람이라는 것을 입증하기 위한 증거로 제시하지 못할 것이다. 다시 앞에서 제기한 질문으로 돌아가보자.

"만약에 주일이 존재하지 않는다면 다른 사람들이 내가 예수님을 따르는 사람이라는 것을 알 수 있을까?"

당신 마음에 죄책감을 심어주려고 이런 질문을 하는 것이 아니다. 불행히도 우리는 신앙에 관한 근본적이고 원초적인 질문을 받을 때 죄책감에 압도되는 경향이 있다. 물론 죄책감을 느끼는 것은 우리 삶에서 자연스러운 일이다. 그러나 나는 죄책감을 긍정적인 변화를 위한 동기부여로 사용하는 것이 효과적이지 못하다는 것을 경험으로 깨달았다. 그런 류의 책을 읽고 나면 나중에 녹초가 되거나 흠씬 두들겨 맞은 것 같은 느낌이 든다. 더 나아가 내가 죽으면 천국에 갈 수 있을지 의심하는 마음이 생기기도 한다. 나는 그런 책들에게 힘을 실어주기 위해 이 책을 쓰는 것이 절대 아니다.

질문의 두 가지 목적

"만약에 주일이 존재하지 않는다면 다른 사람들이 내가 예수님을 따르는 사람이라는 것을 어떻게 알 수 있을까?"

내가 이러한 질문을 하는 데에는 두 가지 목적이 있다.

첫째는 '자기성찰'의 가치를 놓치지 않기 위해서다. 정직한 자기성찰은 언제나 중대한 가치를 지닌다. 자기성찰과 자기도취는 다르다. 자기도취는 피해야 한다. 그러나 우리 삶을 정직하게 평가하고 반성하지 않으면 매우 위험해진다. 특히 신앙과 관련해서는 더 그렇다. 의도적으로는 절대 가지 않을 곳으로 너무나도 쉽게 떠내려갈 수가 있기 때문이다.

바다에서 수영을 해본 적이 있다면 자기도 모르게 조류에 휩쓸려 전혀 의도하지 않은 곳으로 떠내려가는 것이 얼마나 쉬운지 잘 알고 있을 것이다. 그것과 동일하게 떠내려가는 현상이 신앙생활에서도 종종 발생한다.

우리는 내가 하나님의 계획에 맞추어 살기로 결단하면 이후에도 언제나 자동적으로 하나님의 계획에 일치하는 삶을 살게 될 것이라고 생각하는 경향이 있다. 하지만 그런 생각은 진리에서 멀어지는 지름길이다. 내 말을 못 믿겠거든 수십 년 동안 신실하게 교회에 출석하였으나 자기도 모르게 불륜관계에 휩쓸려 가정을 파괴하고 명예와 신앙을 잃어버린 남자 성도에게 물어보라. 인생의 외로움과 무의미함이 야기하는 고통을 진정시키기 위해 의사에게 처방받은 약에 중독된 채로 살아가고 있는 여자 성도에게 물어보라. 오랜 세월 교회에서 리더로 섬겼지만 나중에 독단주의와 율법주의에 빠지게 된 장로에게 물어보라.

잘못된 방법으로 자신의 삶과 가정과 교회를 파괴하여 불명예스러운 환경에 빠지는 것을 즐기는 사람은 아무도 없다. 이들이 그런 환경에 맞닥뜨리게 된 까닭은 자신들의 삶과 신앙을 지속적으로 정직하게 평가하지 않고 지속적으로 관리하지도 않았기 때문이다. 자신을 정직하게 평가하고 관리하지 않으면 건강한 관계에서 멀어져 타락한 관계로 변질되기 쉽다.

둘째 목적은 첫째 목적보다 더 중요하다. 예수님이 권고하신 삶을 살아가기 위해서다. 주 안에서 우리 자신을 정직하게 돌아볼 때, 성령께서 생각과 마음을 감동시켜, 예수님이 우리에게 권고하신 삶을 살아갈 수 있도록 인도해주시리라는 소망을 품을 수 있다. 예수님은 이렇게 말씀하셨다.

"내가 온 것은 양으로 생명을 얻게 하고 더 풍성히 얻게 하려는 것이라" 요 10:10.

우리 가운데 너무나도 많은 사람이 예수님이 주시는 생명을 받아들이되, 예수님이 주시려고 준비하신 것보다 훨씬 더 적게 받으면서 만족하고 있다. 그리스도인이라고 공언하는 너무나 많은 사람들이 예수님과 인격적으로 깊은 관계를 누리는 삶 대신 '종교'라는 기계적인 삶에 만족하고 있다.

종교는 규칙과 규정들에 의해 정의되는 반면에 예수님과의 관계는 친밀한 사귐 위에 건축된다. 종교는 정해진 시간에 특정한 장소에서만 가

동되는 반면에 예수님과의 관계는 언제 어디에서나 자연발생적으로 일어난다. 종교는 인간이 임의로 정한 표준에 도달하는 것과 연관되어 있는 반면에 예수님과의 관계는 더욱 깊어지는 것과 연관되어 있다. 종교는 인간이 만든 것인 반면에 예수님과의 관계는 하나님께서 정하신 것이다. 종교는 뻔하고 지루한 반면에 예수님과의 관계는 열정적이고 강렬하다. 종교는 인간의 칭찬을 얻는 반면에 예수님과의 관계는 하늘의 갈채를 얻는다.

어쩌면 당신은 자기 자신을 돌아보는 것과 종교가 무슨 관련이 있는지 의아하게 생각될 수도 있다. 답은 단순하다. 종교는 일주일 가운데 특정한 어느 하루의 행사로 축소될 수 있는 반면에 예수님과의 관계는 하루의 행사로 축소될 수 없다. 혹자는 다음과 같이 말했다.

"종교는 예수님과의 관계를 표방하는 싸구려 모조품이다!"

이 책을 쓰고 있는 지금, 나는 가족들과 함께 플로리다에서 휴가를 보내는 중이다. 여행 첫날, 우리가 해변으로 걸어가고 있을 때, 막내아들은 길가에 고인 빗물 웅덩이에 매료되었다. 그 애는 가던 길을 멈추고 발로 흙탕물을 밟고 튀기며 깔깔거리기 시작했다. 그 모습이 귀여워서 한동안 내버려두었다. 그러나 잠시 후, 다시 발걸음을 옮기기 위해 아들의 손을 잡아끌었다. 해변과 바다가 우리를 기다리고 있었기 때문이다. 하지만 아들은 내 손을 뿌리치면서 떼를 쓰기 시작했다. 아름다운 청록의 바다가 바로 눈앞에 펼쳐져 있는 그때, 그 아이는 질척한 빗물 웅덩이에서 철퍽거리면서 놀기를 원했다.

이것이 당신의 신앙을 나타내는 그림이라면 어떻겠는가? 당신이 지금 예수님과의 친밀한 인격적인 관계의 바다에 깊이 잠기는 대신 종교의 빗물 웅덩이 가장자리에서 흙탕물을 튀기는 것에 만족하고 있다면 어떻겠는가? 혹시 이 예화가 너무 은유적이라 와닿지 않는다면 다른 식으로 묻겠다.

"만약에 주일이 존재하지 않는다면 다른 사람들이 내가 예수님을 따르는 사람이라는 것을 어떻게 알 수 있을까?"

나는 오랜 세월 동안 이 질문을 갖고 주 안에서 나를 돌아보며 씨름한 결과, 다른 사람에게도 경고할 필요를 느꼈다. 이 질문에 정직하게 대답하는 것이 우리 자신에 관한 불편한 진리를 폭로할지도 모른다. 당신은 모나리자 포스터를 당신 눈앞에서 치울 수 있다. 그러나 진리는 결코 내가 치워버릴 수 있는 성질의 것이 아니다.

1. 잠시 시간을 내어 당신의 영적 여정을 돌아보라. 당신의 영적 여정을 특
   징짓는 것은 종교인가, 예수님과의 관계인가? 이 주제에 대해 주변 사람
   들과 솔직하게 토론해보라.

2. 당신이 종교적 유형의 성도이든 관계적 유형의 성도이든, 당신의 신앙 형
   태를 형성한 계기는 무엇인가? 다른 사람에게 배웠는가? 아니면 당신 스
   스로 발달시켰는가?

3. 당신의 신앙을 정직하게 평가할 때, 제거하거나 소생시키거나 개선해야
   할 부분을 정확히 파악하는 것이 중요하다. 그렇지만 계속 유지하기를 원
   하는 긍정적인 국면들을 알아보는 것도 매우 중요하다. 충분히 기도하면
   서 당신 신앙의 모든 국면을 신중히 점검해보라.

자비롭고 거룩하신 아버지시여!
자기성찰과 자기발견의 여정을 위해
저를 준비시켜주소서!
아버지께서는 제가 더 많은 것들을
알고 체험하기를 원하시오니
보는 눈과 듣는 귀를 허락하소서!
제 마음과 생각과 영혼 안에서
새로운 일을 행하시기를 간구합니다.
저와 함께, 제 안에서, 저를 통하여
거룩하고 완전하신 아버지의 뜻을 행하소서!
예수님의 이름으로 기도드립니다. 아멘.

주일 지상주의

그날을 중심으로 공전하는 신앙

규칙의 최고봉

나의 어린 시절은 한 마디로 규칙에 의해 움직이는 삶이었다. 우리 집에는 특별한 목록이 하나 있었다. 그것은 절대 해서는 안 되는 금지사항들을 나열한 긴 목록이었다. 무언無言의 조항들도 있었고 명료하게 표명된 조항들도 있었다. 어떤 것은 합리적이었지만 어떤 것은 믿을 수 없을만큼 불합리했다. 그중 몇 가지 사항을 소개하면 다음과 같다.

❖ 잠자리에 들면 화장실에 가기 위해 일어나지 말라! (소변이 마렵지 않아도 잠자리에 들기 전에는 반드시 화장실을 다녀와야 했다. 그렇게 하지 않으면 여지없이 잔소리를 들었다.)

❖ 우편함에서 우편물을 꺼내지 말라! (대체 왜 이런 조항이 있는지 이해할 수가 없다.)

❖ 저주의 말이나 저주하는 말로 해석될 수 있는 말을 하지 말라! (이 규칙에 따라 '제기랄!', '빌어먹을!', 'Oh, my God!', '에이 씨!', '쳇!' 같은 어구를 사용하지 못했다.)

❖ 7월 전까지 혹은 기온이 27도가 되기 전까지는 반바지를 입고 집 밖에 나가지 말라! (농담이 아니다. 어린 시절 나는 누나와 실시간으로 기온을 알려주는 서비스 센터에 몇 번이나 전화를 했는데 수화기 너머로 들리는 기계음이 26도를 알린 탓에 크게 실망했었다.)

❖ 교회에 갈 때 입는 옷을 입고 밖에 나가 놀지 말라! (단연코 이것이 금지 조항 중에서 최고봉이었다.)

어느 주일 오후, 나는 교회에 갈 때 입었던 옷을 입고 똑같은 구두를 신은 채 밖에서 놀았다. 물론 나는 규칙을 잘 알고 있었다. 나의 부모님은 교회에 갈 때 입는 옷을 더럽히거나 교회용 구두를 닳게 하는 것을 가장 싫어하셨기 때문에 이 규칙을 귀가 따갑게 들었다. 그런데 그날은 나도 모르게 잠시 잠깐의 즐거움에 현혹되어 절대 피할 수 없는 엄마의 불 같은 역정에 대한 우려를 잊어버렸다. 그래서 교회 갈 때의 복장 그대로 밖에 나가 놀았다. 이 대목을 회상하니 우울한 기분이 들고 어디선가 어두운 배경음악이 들리는 듯하다.

흰색 셔츠와 파란색 바지를 입고, 캐주얼한 검정 구두를 신은 채 환희의 절정을 맛보며 친구들과 놀던 그때, 한 음절 한 음절 길게 늘어지는 엄마의 고함 소리가 현관에서부터 들려왔다.

"제… 이… 미…!"

나는 살짝 구겨진 바지와 아주 미세하게 긁힌 구두를 내려다보면서 얼굴을 찌푸렸다.

'왜 하필 지금이지?'

나는 그 순간 주일에 입었던 옷을 벗고, 다른 옷을 입고 있어야 했다. 심지어 발가벗고 있는 한이 있을지라도 말이다. 하지만 현실은 변하지 않았다. 그 사건이 어떻게 종결되었는지 정확히 기억나지 않지만 결코 아름답게 끝나지 않았다는 것만큼은 확실하다.

주일 아침을 축으로 공전하는 신앙

우리 사회의 전통과 관습은 서서히 변한다. 그러나 대대로 세대가 바뀌어도 주일 아침 복장의 표준, 즉 "주일에는 가장 좋은 옷을 입고 교회에 가라!"는 속설은 변하지 않는 것 같다. 어떤 사람에게는 그것이 점잖은 색상의 재킷과 바지치마로 구성된 고전적인 정장을 의미하고, 어떤 사람에게는 깔끔하고 단정한 원피스나 스포티한 차림을 의미한다. 어떤 복장이든지 자신이 갖고 있는 옷들 가운데 가장 좋은 옷을 입어야 한다.

이제부터 하려는 말을 주목할 필요가 있다. 개인적으로 나는 격식을 차린 정장 차림보다는 캐주얼한 복장을 더 선호하고, 주일에 가장 좋은 옷을 입고 교회에 가는 것에 반대하지 않는다.

그러나 한 가지 꼭 지적하고 싶은 점은 우리가 "주일에는 가장 좋은 옷을 입고 교회에 가라!"는 말을 복장 그 이상의 것들에도 적용하고 있다는 사실이다.

우리는 주일에 가장 좋은 옷을 입고 교회에 갈 뿐만 아니라 가장 좋은 것들을 온통 그날에 집중시킨다. 현대 그리스도인의 태도에 대해 잠시 생각해보라. 우리는 주일 아침 교회에 갈 때 가장 좋은 옷을 입어야 하고, 가장 좋은 태도를 보여야 하며, 자신의 기분에 상관없이 가장 훌륭한 미소를 만면에 머금어야 한다고 생각한다.

이유가 무엇일까? 우리가 복장이든 태도든 가장 좋은 것을 유독 주일 아침에 집중시키는 것이 마땅하다고 생각해온 까닭이 무엇일까? 우리는 그 이유를 알고 있다.

그런데 어떤 사람들은 이런 말을 낯설어한다. 그러나 많은 사람들이 몇 세대에 걸쳐 주일 아침에 교회에 가서 예배드리는 것을 기독교 신앙의 전부라고 여겨왔다. 지금도 그렇게 알고 있는 사람이 많다.

어떤 사람은 기독교 신앙이 주일 예배 시 성가대의 웅장한 찬양과 클래식 악기로 구성된 관현악단의 연주와 깊은 연관이 있다고 생각한다. 그러나 어떤 사람은 전자기타와 드럼 같은 대중적인 악기를 갖춘 찬양 밴드의 노래를 들을 때 은혜를 받는다. 또 어떤 사람은 예배에 악기를 전혀 사용하지 않고 사람의 목소리로만 찬양하는 것을 선호한다.

어떤 사람은 기독교 신앙이 예배당의 긴 의자와 바닥까지 끌리는 엄숙한 가운과 성화^{聖畫}들을 그려 넣은 스테인드글라스와 연관이 있다고 생각한다. 그러나 어떤 사람은 예배에 사용되는 오버헤드 프로젝터_{슬라이드에 인쇄된 화상을 확대시켜 화면에 투영시키는 장치}와 고해상도의 대형 화면과 예배당의 휘황찬란한 조명에 의미를 둔다.

어떤 사람은 찢어진 청바지에 티셔츠를 입고, 발가락을 끼우는 슬리퍼를 신은 채 교회에 가는 것을 좋아한다. 반면에 어떤 사람은 빳빳하게 다림질한 셔츠와 넥타이 혹은 얌전한 색상의 블라우스와 정장 치마를 입고 구두를 신은 채 교회에 가야 한다고 생각한다.

이와 같이 오늘날 정말로 많은 그리스도인들이, 주일 아침에 교회에 가서 무엇을 보고 듣고 느끼든지 간에, 기독교 신앙을 주일 아침의 예배 체험과 동일시하고 있다. 이는 우리가 의식하든 그렇지 않든 우리의 신앙이 대개는 주일 아침을 축으로 공전하고 있음을 뜻한다.

여러 개 중에 하나? 오직 하나?

그리고 이는 교파를 불문하고 지역 교회 내부에 긴장과 갈등을 일으키는 한 가지 요인이 된다. 당신의 신앙 전체가 일주일의 어느 특정한 하루, 한두 시간의 예배 체험을 중심으로 돌아가고 있는데, 그 예배의 소소하고 세세한 모든 것들이 당신의 필요와 욕구에 정확히 부합하지 않을 경우, 당신은 너무나도 쉽게 비판적인 시선을 보낸다. 내가 그저 이론적인 부분들을 논하고 있는 것이라면 얼마나 좋을까! 그러나 불행하게도 이는 수많은 지역 교회에서 실제로 발생하고 있는 일반적인 현상이다.

나는 한 사람의 목회자로서 10여 년 동안 지역 교회를 이끌고 통솔하며 섬기는 특권을 누려오고 있다. 그리고 그 기간 동안, 가까이에서나 멀리서 고결함, 겸손, 타인에 대한 연민과 같은 아름다운 미덕들을 빈번하게 체험하고 목격했다. 그러나 그만큼 빈번하게는 아니더라도 추한 부분들도 많이 목격했다. 나는 지금 매우 높은 수준의 고결함과 흠잡을 데 없이 온전한 성품으로 40년 동안 교회를 이끌었던 선임 목회자의 발자취를 이어 이곳 '레이크사이드크리스천교회'Lakeside Christian Church를 이끄는 사역을 감당하고 있다.

교회 지도력의 이러한 전이傳移 과정은 해당 교회가 최선의 상태에 있더라도 성장통을 겪기 마련이다. 어떤 교회의 교인들이 40년 동안 교회를 이끌었던 목회자의 지도 아래 있다가 이제 40세도 안 된 목회자의 지도를 받게 될 때, 교인들이나 신임 목회자 양쪽 모두 울퉁불퉁한 자갈길을 지나지 않을 수 없는 것이다.

그런 교회에 부임한 신임 목회자는, 사역 초기에 비판의 과녁이 된다. 우선 교인들의 초대를 받지 못한다. 불행한 일이다. 그리고 그런 일이 중단될 기미도 보이지 않고, 여러 가지 소리를 듣게 된다.

"예배 음악이 너무 시끄러워요!"

"예배당 조명이 너무 어두워요!"

"주보가 세속적 유행을 따르는 것 같아요!"

"목회자가 너무 젊어요!"

마음에 들지 않는 구석이 한둘이 아니다. 물론 지역 교회 안에 건설적인 비판과 충고를 하는 교인들도 있다. 내가 직접 경험한 바, 대부분의 사람들은 매우 건강한 방식으로 자신의 의견을 전달했다.

사람들이 목회자나 교회에 반감을 표할 때, 그것이 채워지지 않은 필요나 욕구에서 비롯될 수도 있지만 대부분의 경우에는 더 깊고 심각한 뿌리에서 비롯된다. 그 뿌리란 바로 그들의 신앙이 지나치게 주일을 축으로 회전하고 있다는 것이다. 문제는 식물의 뿌리에 이상이 생길 때 썩은 열매를 맺게 되는 것을 피할 수 없다는 점이다.

그렇다고 해서 주일예배 시간에 만족하지 못하고, 실망하며 역정을 내는 사람들만이 주일을 축으로 공전하는 신앙을 갖고 있다고 말하는 것은 부당할 것이다. 사실, 주일예배가 당신이 바라는 모든 것을 부족함 없이 채워줄 때 문제가 더 심각할 수 있다. 이를테면 예배당 조명도 적당하고, 마이크 볼륨도 완벽하며, 강단이나 소강단의 디자인도 꽤 마음에 들고, 설교도 감동적이다. 심지어 예배 후에 교회에서 마시는 커피의 맛과 향까지도 마음에 쏙 들 때, 주일 중심의 신앙을 갖게 될 확률이 매우 높다. 주일예배가 당신의 모든 필요와 욕구를 부족함 없이 만족시켜줄 때, 주일예배는 당신의 일주일 동안의 다양한 예배 체험들 가운데 '하나의' 자리에서 '유일한' 자리로 쉽게 자리매김할 수 있다.

핵심은 당신이 현재 출석하고 있는 교회의 주일 아침예배를 열망하든

못마땅하게 여기든, 당신 자신도 모르게 주일이라 불리는 토대 위에 당신의 신앙을 건축할 수 있다는 것이다. 정직하게 대답해보라. 당신의 신앙은 주일을 축으로 회전하고 있지 않은가?

1. 당신의 신앙은 주일을 축으로 회전하고 있지 않은가?

2. 위의 질문에 객관적으로 대답하기가 매우 어렵다면, 아래 세 가지 질문에 하나씩 답하면 한층 더 수월해질 것이다.

❖ 평일의 다른 어떤 날보다 주일에 예수님께 더 많은 관심을 보이거나 예수님과 더 친밀하게 사귀는 당신 자신의 모습을 발견하는가?

❖ 예배라는 단어를 들을 때, 성가대의 찬양과 악단의 연주가 관련된 주일의 특정한 시간이 즉시 떠오르는가?

❖ 주일 이외의 다른 날에 성경을 읽거나 묵상하거나 암송하는가?

3. 다른 사람들과 연합하여 예배를 드리기 위해 주일 아침에 교회에 갈 때, 당신의 가장 좋은 모습을 사람들에게 보여야 한다는 압박감을 느끼는가? 느낀다면 어떤 식으로 느끼는가? 느끼지 않는다면 이유가 무엇인가? 무엇이 당신 마음을 편하게 해주기에 그런 압박감을 느끼지 않는가?

자비롭고 거룩하신 아버지시여!

아버지 위에 건축된 믿음의 삶,

아버지를 축으로 공전하는 믿음의 삶을 살기를 원합니다.

제 믿음이 어떤 날 하루, 어떤 한 장소의, 어떤 한 가지 체험 위에

건축되어 있지는 않은지, 정직하게 점검할 수 있도록 도와주소서!

교회가 어떤 '장소'가 아니라 '사람들'임을

지속적으로 기억하게 하소서!

예배가 특정한 날에 예정된, 음악과 관련된 체험일 뿐만 아니라

또한 평일의 삶의 방식임을 지속적으로 의식하게 하소서!

"그러므로 형제들아 내가 하나님의 모든 자비하심으로 너희를 권하노 니 너희 몸을 하나님이 기뻐하시는 거룩한 산 제물로 드리라 이는 너희 가 드릴 영적 예배니라" 롬 12:1 라는 말씀처럼 제 삶 전체를 하나님께 드 리는 영적 예배로 만들기 원합니다.

하나님 같으신 분이 없으시니

찬양과 존귀와 영광을 영원토록 받으소서!

예수님의 이름으로 기도드립니다. 아멘.

03
CHAPTER

스코어보드

신앙생활에 점수를 매기려는 욕망

득점판으로 향하는 눈

몇 해 전, 유치원 아이들로 구성된 농구 팀 코치를 맡은 적이 있다. 그야말로 내게 딱 어울리는 역할이었다. 나의 농구 실력이 평균적인 유치원 아이들의 실력과 크게 다를 바가 없었기 때문이다. 내가 실제로 코치 역할을 얼마나 잘했는지는 미지수이지만, 나의 직함은 어엿한 코치였다.

내가 맡았던 팀은 그리스도 안에서의 친교와 전도를 목적으로 하는 경기 연맹에 속해 있었기 때문에 점수는 별로 중요하지 않았다. 아니 적어도 점수를 중요하게 여기지 말아야 했다.

그러나 아이들은 시합 도중에나 작전타임 때나 전반전과 후반전 사이 휴식 시간에 항상 적어도 한쪽 눈은 스코어보드득점판에 고정시켰다. 물론 유치원 아이들만 그러는 것은 아니었다. 코치들조차도(물론 나를 제외한 코치들) 쉴 새 없이 스코어보드를 확인하곤 했다.

스코어보드는 사람의 시선을 끄는 매력을 갖고 있다. 스코어보드는 점수를 측정한다. 그리고 우리 인간은 점수를 측정하는 것을 좋아한다. 우리는 가슴, 허리, 엉덩이 둘레를 측정하고 키와 몸무게를 측정한다. 집과 토지의 면적을 측정한다. 자동차 엔진의 배기량을 측정하고, 그 엔진을 위에 얹고 도는 타이어의 폭을 측정하며, 연료 1리터당 몇 킬로미터를 가는지 연비를 측정한다. '인치'inch를 단위로 TV 사이즈를 측정하고 왕실에서 사용하는 용어들king size, queen size로 침대 크기를 측정한다. 우리는 측정하기를 좋아한다. 측정은 우리들의 점수를 매기게 도와준다. 성공 여부를 가늠할 수 있도록 도와주고, 가치를 부여하도록 도와준다.

신앙도 예외가 아니다. 우리는 신앙에 점수를 매기기를 원하고 주일은 신앙 점수를 측정하는 기준이 되기 쉽다. 당신은 자신이 매월 혹은 매년 주일에 몇 번이나 교회에 출석하였는지 측정할 수 있다. 뿐만 아니라 마음만 먹으면 주변의 가까운 사람들이 주일에 얼마나 많이 교회에 출석하였는지 혹은 얼마나 적게 출석하였는지도 어렵지 않게 측정할 수 있다. 당신이 얼마나 많은 금액을 헌금함에 넣었고, 성경공부 모임에 몇 회나 참석하였으며, 친교모임에 얼마나 자주 참가하였는지 측정이 가능하다. 목회자의 경우 얼마나 많이 세례를 베풀었는지를 측정할 수 있다. 그러므로 세심하게 주의하지 않으면 주일과 연관된 이러한 측정들이, 우리가 올바른 신앙을 갖고 있음을 확증하는 도구로 잘못 사용될 수도 있다.

우리가 영적인 이력서를 작성해야만 구원받을 수 있는 것은 절대 아니지만 만약에 그런 이력서를 작성하라는 요구를 받는다면 당신은 어떤 내용들을 포함시키고 싶은가?

❖ 25년 동안 한 번도 주일 예배를 빼먹지 않았음.
❖ 10년 동안 주일학교 교사와 성가대원으로 봉사했음.
❖ 매주 혹은 매월 성만찬 의식의 봉사자로 활동했음.
❖ 매주 예배 안내위원으로 활동했음.

당신이 작성할 이력서의 내용은 깜짝 놀랄 만큼 이와 유사할 수도 있고 아닐 수도 있다. 그러나 어떤 경우든 우리 가운데 많은 이들이 주일에 활동한 내용을 각자의 이력서에 적을 것이다. 그렇다면 우리가 이 책에서 처음에 던졌던 질문으로 다시 돌아가보자.

"만약에 주일이 존재하지 않는다면 다른 사람들이 내가 예수님을 따르는 사람이라는 것을 어떻게 알 수 있을까?"

만약에 주일이 존재하지 않는다면 당신의 영적 이력서에는 빈칸만 남게 되지 않을까? 휑하니 비어 있는 그 칸들을 어떻게든 채우기 위해 마치 중력에 이끌리듯 수요일 저녁예배 때 했던 활동들에 이끌려가지 않을까?

계속 강조하지만 예수님이 우리의 영적 이력서를 요구하는 일은 결코 없을 것이다. 그러나 우리가 주일 아침에 드리는 예배를 어떤 시각으로 바라보고 있는지 식별하기 위해 그러한 상상을 해보는 것이 부질없는 일은 아닐 것이다. 이렇게 영적인 이력서를 작성하는 상상을 할 때, 우리 가운데 몇몇 사람들은 자신이 일주일 가운데 그 하루를 지나치게 강조하되 때로는 나머지 엿새를 훼손시켜가면서까지 강조했다는 사실을 직시하게 될지도 모른다. 그리고 우리가 완벽하게 정직해진다면, 우리들 가운데 몇 사람은, 주일을 자신의 신앙 점수를 측정해주는 스코어보드로 이용하고 있다는 점을 인정하지 않을 수 없을 것이다.

그리고 이런 태도는 성도들의 삶에서 다양한 형태로 나타날 수 있다. 어떤 사람은 주일을 신앙에 대한 자신의 열심을 측정하기 위한 스코어보드로 이용할지 모른다. 목회자들의 경우에는 주일을 자신의 사역의 성공을 가늠하는 스코어보드로 이용하기가 쉽다. 살아서 숨 쉬는 목회자들 치고 숫자를 좋아하지 않는 이는 아무도 없다. 물론 목회자들은 약간의 머뭇거림도 없이 이렇게 말한다.

"출석 교인의 숫자가 중요한 건 아니에요!"

그러나 목회자들이 가장 침체되는 순간, 즉 출석 교인의 숫자가 눈에 띄게 줄어서 힘을 잃는 순간에 그러한 진술이 뜻하는 진짜 의미는 이것이다. "출석 교인의 숫자가 가장 중요하지요!"

나는 대부분의 목회자들과 마찬가지로 월요일에 쉰다. 그러나 나의 마음은 마치 공중에 던져진 물체가 지구의 중력에 이끌리듯이 그 전날 예배에 몇 명이나 참석하였는지 물어보지 않고 그냥 지나가는 월요일은 한 번도 없다. 물론 주일예배에 출석한 교인들의 숫자를 목회자로서 나의 가치나 역량을 가늠하는 지표로 인식하면 안 된다는 점을 잘 알고 있다.

그러나 아무래도 내 안에는 하염없이 숫자에 끌려가는 무엇인가가 있는 것 같다. 우리 목회자들은 스스로 인정하든 그렇지 않든 출석 교인 숫자와 헌금 액수를 자신의 목회 성적을 매겨주는 스코어보드로 사용한다. 그런 숫자들의 점수로 같은 지역이나 도시, 다른 나라에 있는 사역자와 자신을 비교하려는 유혹을 받는다. 그런 숫자들에 집착하면서 자신의 목회 점수를 매기기 위해 발버둥치는 것은 나의 주된 관심 분야가 아니다. 하지만 그런 유혹이 언제나 기분 나쁘게 내 주변을 기웃거리고 있음은 부정할 수 없는 사실이다.

물론 어떤 점에서 하나님께서는 숫자를 매우 중요하게 보신다. 성경의 책들 가운데 한 권이 '숫자'라는 뜻의 'Numbers'민수기라 불리는 것을 보면 알 수 있다. 사도행전은 초대교회 안에 있는 사람들의 숫자를 계속 인용한다. 이는 누군가가 그 숫자를 헤아리고 있었음을 뜻한다.

그러나 하나님께서 숫자를 절대적으로 중요하게 여기시는 때는, 숫자가 근본적으로 사람들의 얼굴과 이름과 삶의 이야기를 나타낼 때, 즉 우리가 많은 사람들을 구원의 길로 이끌어 예수님께 인도할 때이다. 하지만 불행하게도 오늘의 교회 문화 안에 있는 우리는 몇 가지 무의미한 이유들로 인해 숫자에 끌려가는 경향이 있다.

지난 오랜 세월 동안, 예배당 안에 스코어보드가 걸려 있는 것은 기이한 현상이 아니었다. 운동 경기장의 대형 전광판 같은 것을 말하는 게 아니다. 교회 사무실에 걸려 있는 판, 예배에 참석한 사람들의 숫자를 기입하도록 칸이 쳐진 칠판을 뜻한다. 그 칠판을 자세히 살펴보면 주일 아침예배에 참석한 사람들의 숫자는 물론이고 저녁예배에 참석한 사람들의 숫자도 알 수 있다.

종종 수요예배에 참석한 사람의 숫자를 기입하는 칸이 있는 경우도 있다. 물론 대부분의 교회가 좋은 의도로 그런 숫자를 계수하여 기입한다는 것을 안다. 그러나 그러한 행위는 성도들의 신앙 점수이든 목회자들의 목회 점수이든 우리들 내면에 점수를 매기려는 욕구가 있음을 나타내는 표시가 아닐 수 없다. 주일은 거의 모든 그리스도인이 가장 즐겨 사용하는, 가장 강력한 측정 기준이 된다.

교회가 처음 시작되었을 때, 주일은 성도들이 서로 모여 공동의 예배를 드리기 위한 날이었다. 그런데 오직 공동의 예배를 드리기 위한 기회로 지정되었던 그날이 시대가 흐름에 따라 성도들의 신앙 점수를 매기기 위한 측정 기준이 되고 말았다.

1. 지금까지 신앙생활을 하면서, 주일을 당신의 신앙 점수를 매겨주는 '스코 어보드 행사'로 축소하였던 때가 있었는가?

2. 당신 주변의 성도들이 주일의 교회 출석 횟수를 기준으로 자신들이나 당신의 신앙 점수를 매기는 것 같은 느낌을 받은 적이 있는가?

3. 숫자가 사람들을 나타내기 때문에 중시하는 것과 자신의 신앙이나 목회 사역의 점수를 매기기 위한 방법으로 사용하며 끙끙 앓는 것 사이에는 미묘한 차이가 있다. 개인적인 차원이나 교회적인 차원에서 올바른 시각으로 숫자를 바라보는 방법은 어떤 것이 있는지 서로 이야기해보라.

기도

자비롭고 거룩하신 아버지시여!
저희가 교회로서, 주일을 저희의 신앙 점수를 매기기 위한 수단으로 축소시켰던 것을 용서해주소서! 저희가 의식적으로는 아니더라도 무의식 중에 그런 잘못을 자주 범했음을 고백합니다. 숫자들을 중시하되 저희 자신이나 다른 사람의 신앙 점수를 매기기 위한 수단으로 삼지 않으면서 중시하는 법을 가르쳐주소서! 예수님의 이름으로 기도드립니다. 아멘.

네 번째 계명

하나님의 선물이 변질되었다

왜 주일 계명

독자들 가운데 내가 주일 아침 성도들의 공동 모임(한 마디로 주일 오전 예배)에서 일어나는 일들의 의미를 폄하하고 있다고 생각하는 사람이 있을지도 모르겠다. 만일 지금까지 이 책을 읽으면서 그런 느낌을 받았다면, 단언컨대 아니다!

우리가 공동의 환경에서 예배를 드릴 때 일어나는 일들을 다른 것으로 복제하거나 위조할 수 없고, 대체할 수도 없다. 나는 성경이 이 점을 명백히 전달하고 있다고 믿는다.

그런데 초대교회가 성스럽게 여겼던 주일이 역사의 어떤 시점에서부터 변질되고 말았다. 초대교회가 신성하게 여겼던 주일이 대체 무슨 연유로 오늘에 이르러 하나의 보조적 수단이나 잘못된 도구로 전락한 것일까?

"역사에서 배우지 못한 자는 다시 그 역사를 반복해서 살 수밖에 없다"는 속담이 있다. 어쩌면 우리가 역사에서 교훈을 얻지 못한 것인지도 모르고 혹은 배웠으나 까맣게 망각한 것인지도 모른다. 이유가 무엇이든 오늘 우리가 과거의 역사를 되풀이하는 듯한 느낌을 지울 수 없다.

출애굽기 19장에는 모세가 하나님을 아주 가까이에서 만나는 장면이 나온다.

"셋째 날 아침에 우레와 번개와 빽빽한 구름이 산 위에 있고 나팔 소리가 매우 크게 들리니 진중에 있는 모든 백성이 다 떨더라 모세가 하나님을 맞으려고 백성을 거느리고 진에서 나오매 그들이 산기슭에 서 있는데 시내산에 연기가 자욱하니 여호와께서 불 가운데서 거기 강림하심이라 그 연기가 옹기 가마 연기같이 떠오르고 온 산이 크게 진동하며 나팔 소리가 점점 커질 때에 모세가 말한즉 하나님이 음성으로 대답하시더라 여호와께서 시내산 곧 그 산 꼭대기에 강림하시고 모세를 그리로 부르시니 모세가 올라가매" 출 19:16-20.

당신은 혹 사장실이나 교장실에 불려가본 적이 있는가? 모세는 하나님의 집무실에 불려갔다. 상상이나 할 수 있겠는가? 사장도 아니고 교장도 아닌, 하나님께서 부르셨다. 시내산 정상에서 하나님께서 모세에게, 오늘날 우리가 '십계명'이라고 부르는 것을 주셨다.

십계명은 복잡하거나 어렵지 않다. 당신은 '초보자들을 위한 십계명' 같은 책을 필요로 하지 않을 것이다. 하나님께서 처음부터 가장 단순한 형태로 주셨기 때문이다. 십계명의 어느 조항도 이해하기 어렵지 않다. 그러나 우리는 역사를 통해 한 가지 조항을 심각하게 오해하고 말았다. 그것은 제4계명이다.

"안식일을 기억하여 거룩하게 지키라 엿새 동안은 힘써 네 모든 일을 행할 것이나 일곱째 날은 네 하나님 여호와의 안식일인즉 너나 네 아들이나 네 딸이나 네 남종이나 네 여종이나 네 가축이나 네 문안에 머무는 객이라도 아무 일도 하지 말라 이는 엿새 동안에 나 여호와가 하늘과 땅과 바다와 그 가운데 모든 것을 만들고 일곱째 날에 쉬었음이라 그러므로 나 여호와가 안식일을 복되게 하여 그날을 거룩하게 하였느니라" 출 20:8-11.

이것은 계명인가, 아니면 선물인가? 메시지는 아주 단순하다.

"일하지 말라! 모두 쉬어라! 너희 집 안에 머무는 손님이라도 모두 쉬게 하여라!"

우리는 안식일을 계명이라 칭한다. 그런데 이것이 명령일까? 선물일까? 한마디로 안식일은 '쉬는 날'이다. 그렇다면 이제부터는 있는 그대로 '선물'이라고 부르기로 하겠다.

방바닥에 드러누워 벽에 다리를 올려놓고 편히 쉴 기회, 달짝지근한 음료를 홀짝홀짝 마실 기회, 낮잠을 즐길 기회, 자녀들과 놀아줄 기회이다.

이렇게 하나님께서는 친히 택하신 하나님의 백성에게 가장 매력적인 선물 가운데 하나를 주셨다. 우리는 통상적으로 안식일이라는 단어와 선물이라는 단어를 서로 연관 짓지 않는다. 그러나 선물이라는 단어야말로 안식일에 가장 적합한 단어다. 하나님께서는 휴식과 원기 회복의 기회, 즉 우리 서로를 위한 삶과 하나님을 위한 삶에 다시 뜨거운 열정을 불사를 기회로 삼으라고 안식일을 주셨다. 그러나 우리는 하나님께서 선물로 주신 것을 너무나도 빨리 전혀 엉뚱한 것으로 변질시키고 말았다.

유대 종교 지도자들은 수백 년의 세월을 지나면서, 하나님께서 건네주신 율법에 기초하여 자신들의 율법체계를 발전시켰다. 수백 가지 조항에 달하는 그들 나름의 율법 체계는 선한 의도로 제정된 것으로서, 유대 백성이 하나님의 율법을 범하지 않도록 목책木柵을 둘러줄 뿐만 아니라 그 누구라도 하나님의 율법을 범할 기회조차 주지 않도록 하는 것이 핵심 취지였다. 그리하여 본질적으로 그들은 하나님의 율법에 관계된 자신들 나름의 율법을 만들었고, 그렇게 만든 자신들의 율법에 부속된 율법을 또 만들어 나갔다.

쉴 수 없는 사람들

또한 안식일은 유대 종교 지도자들이 고안해낸 수많은 규칙과 규제들이 집중된 하나의 초점이었다. 안식일에는 쉬어야 했다. 하지만 그들에게 '쉼'rest은 충분히 이해될 수 있는 명확한 개념이 아니었다. 그들은 쉼이라는 개념에 분명하고 명확하게 정의해야 할 부분들이 너무나도 많다고 생각했다. 그래서 그들은 '쉬는 것'이 무엇인지 정의하기 위해 쉬지 않고 고된 연구에 골몰했다.

쉬기 위해서 쉬지 않았다니 너무 역설적이지 않은가? 쉬는 것이 무엇인지 정의하기 위해 그렇게 쉬지 않고 고되게 일한 결과로 그들이 내놓은 것이 무엇인 줄 아는가? 그들은 유대 백성들이 하나님 율법의 명령대로 쉬도록 하기 위해 끝도 없어 보이는 금지 조항 목록을 만들었다. 그리고 그 목록을 갖고 백성들을 달달 볶아 제대로 쉬지 못하게 했다. 이 또한 역설적인 일이다.

안식일에 관한 유대 율법의 모든 규칙들과 특별히 그 규칙들에 관한 해석을 포괄적으로 다루기에는 이 책의 지면이 충분하지 않다. 이 책뿐만 아니라 그런 주제를 논하는 어떤 책이라도 마찬가지일 것이다. 그 규칙들이 '멜라크호트Melakhot'라 불리는 39개의 일반적 금지 조항 범주로 구성되어 있지만, 각각의 범주가 다시 수백 가지 다양한 방식으로 분류되고 적용될 수 있기 때문이다. 안식일에 관한 유대인의 율법은 대부분의 일반적인 법률과 마찬가지로 흰 종이에 검은 글씨로 명확히 인쇄되어 있을지 몰라도 그 내용을 정확하게 해석하기는 너무 어렵다. 그 규칙들을 읽다 보면 회색의 흐릿한 그림자 이외에 떠오르는 것이 없다. 그중 몇 가지를 소개해보겠다.

- 마실 수 없는 물을 마실 수 있는 물로 만들기 위해 거르는 것을 금한다.
- 물고기에서 작은 가시를 빼내는 것을 금한다.
- 빵을 굽는 것, 요리하는 것 혹은 음식을 기름에 튀기는 것을 금한다.
- 어떤 물체를 한 손으로 공중에 던졌다가 다른 손으로 잡는 것을 금한다.

❖ 볼링을 금한다. 볼링이 '파괴'라는 금지 범주에 속하기 때문이다. (몇몇 랍비들은 볼링공이 핀에 도달하기 전에 좌우의 홈으로 빠지는 경우조차도 용인할 수 없다고 주장한다. 이유는 볼링공이 파괴의 의도로 던져졌기 때문이라는 것이다.)

❖ 무로 피클을 담는 것을 금한다. (그것이 무와 소금으로 하여금 일을 하게 하는 것이기 때문이다.)

어떻게 느껴지는가? 이 목록을 지키면서 편안하고 느긋하게 쉴 수 있을 것 같은가? 물론 이러한 안식일 규칙들은 거의 대부분, 누가 해석하느냐에 따라 논쟁을 일으킬 소지를 다분히 갖고 있다. 안식일은 본래 쉼과 원기 회복을 위해 설계된 것이었다. 그러나 유대 종교 지도자들은 용인할 만한 쉼과 원기 회복의 방식을 정하기 위해 엄청난 에너지를 낭비했다. 솔직히 그런 것에 대해 생각만 해도 진저리가 쳐진다.

안식일과 주일의 유사성

안식일! 아름다운 의도를 가지고 만든 것이 어느새 무거운 짐이 되어버렸다. 쉼과 회복을 위해 만들어진 것이 제약과 구속에 관한 것으로 전락되었다. 특별히 단순한 날이었는데 복잡한 날로 정의되고 말았다.

이러한 유대 종교 지도자들이 안식일에 부여했던 어리석은 일을 오늘 우리가 주일에 하고 있는 것은 아닐까? 본래의 안식일과 오늘 우리가 알고 있는 주일이 정확히 동일한 것은 아니다. 하지만 둘은 놀랄 만큼 유사한 점을 갖고 있다.

본래의 안식일은 선물이었다. 주일도 마찬가지이다. 본래의 안식일은 단순한 것에서부터 시작되었으나 매우 복잡한 것으로 변질되었다. 주일도 마찬가지이다. 본래의 안식일은 유대인들 신앙의 '유일한' 핵심이 아니라 '한 가지' 의미심장한 표현이 되도록 만들어졌다. 주일도 마찬가지이다.

하나님께서는 주일이 안식일과 마찬가지로 우리 신앙에서 특정한 역할을 담당하도록 의도하셨다. 그런 점에서 주일은 안식일과 마찬가지로 인간이 아니라 하나님의 아이디어였다. 그러나 불행하게도 가끔 우리가 하나님의 걸작에 손때를 묻힐 때, 그것이 본래 의도되었던 것이 아닌 다른 것으로 변질되어버린다.

아름답고 매력적이며 생기를 주는 하나님의 선물인 섹스가 대표적인 예이다. 인류는 섹스라는 하나님의 선물에 손때를 묻혔을 뿐만 아니라 여러 가지 방식으로 산산이 박살을 냈고 본래 의도되었던 것과 전혀 다른 무엇으로 변조하고 말았다. 한때는 정말 아름다웠던 성이 지금은 종종 추한 것으로 여겨진다. 달콤한 꿈으로 만들어진 것이 지금은 몇몇 경우에 가장 끔찍한 악몽이 되어버렸다. 이렇게 우리는 하나님의 귀한 선물을 파괴하고 더럽히며 왜곡한다.

우리는 안식일을 왜곡한 적이 있다. 또한 섹스를 왜곡한 적이 있다. 그렇다면 주일은 어떠한가? 우리가 전에 했던 것과 똑같은 방식으로 주일을 왜곡하고 있는 것은 아닐까?

하고 싶은 말이 많으니 우회하지 않고 바로 본론으로 들어가겠다. 하나님께서 본래 계획하신 주일의 역할을 회복시키려면 우리가 달라져야 한다. 그러면 주일과 그날에 일어나는 모든 일들이 진정 아름답게 변하고, 우리를 회복시켜주며, 생기를 줄 수 있다.

주일은 안식일과 마찬가지로 예배를 드리고 원기를 회복하며 격려하기 위해 계획되었다. 하나님께서 인간관계를 견고히 하며 하나님을 향한 열렬한 사랑의 불을 다시 지피는 기회로 삼으라고 주일을 설계하셨다. 주일은 식탁 주변에 모이는 모임이었다. 그것은 아무 식탁이 아니라 성만찬의 식탁이었다.

안식일 자체에는 아무 문제가 없다. 마찬가지로 주일 자체에도 아무 문제가 없다. 그러나 우리가 하나님의 선물을, 그분이 본래 의도하셨던 것이 아닌 다른 것으로 변질시킬 때 심각한 문제가 발생한다.

1. 오늘날 주일이 몇몇 경우에 하나님께서 본래 의도하신 것이 아닌 다른 것으로 대체되었다는 의견에 동의하는가? 동의한다면 그 이유가 무엇인가? 반대로 동의하지 않는다면 그 이유가 무엇인가?

2. 주일을 규칙과 규제에 관한 날로 만들지 않으면서 동시에 성스럽게 여기는 방법에는 어떤 것이 있는지 서로 이야기해보라.

3. 지난 세기를 가만히 돌아볼 때, 몇몇 사람들이 안식일과 관련하여 어떤 식으로 균형 잡힌 시각을 상실하였는지 어렵지 않게 알 수 있다. 만일 장차 후대의 사람들이 오늘날의 그리스도인들을 돌아다본다면, 주일에 관한 우리들의 시각에 대하여 무엇이라고 말할까? 우리가 주일을 지나치게 강조했다고 말할까? 아니면 지나치게 소홀히 했다고 말할까? 우리가 주일을 지나치게 심각하게 받아들였다고 말할까? 아니면 지나치게 가볍게 여겼다고 말할까? 서로 의견을 나눠보라.

자비롭고 거룩하신 아버지시여!

주일이라는 선물을 주신 것을 감사드립니다.

아버지께서는 육신적인 원기 회복과

영적인 활력을 주시기 위해 주일을 주셨습니다.

저희가 실제 삶에서 주일을 그 이상의 것으로 만들거나

그 이하의 것으로 만들지 않도록 도와주소서!

주일을 성별된 날로 계속 지켜나가기 위한 방법을 가르쳐주소서!

그렇게 하는 것이 저희 태도의 중대한 변화를 요구할지라도

응당 그렇게 하게 하소서!

저희가 주일을 하나님께서 본래 의도하셨던 것 이상이나

이하로 만들어, 규칙과 규제에 관한 날로 삼거나

저희 신앙과 사역의 점수를 매기는

스코어보드로 여겼던 때가 있었음을 회개하오니 용서해주소서!

모든 좋은 선물을 주시는 아버지시여!

주일예배라는 아름답고 기쁜 선물을 주신 것을

다시 한 번 감사드립니다.

예수님의 이름으로 기도드립니다. 아멘.

잘못된 해석

살기 위해 죽으라는 초대

단순하지만 쉽지 않은 것

유행성 질병을 제대로 치료하려면 먼저 적절한 진단을 해야 한다. 앞에서 우리는 현대의 그리스도인들이 앓고 있는 유행성 질병에 대하여 부분적으로나마 진단을 했다. 이를 통해 우리 가운데 많은 사람이 주일 중심의 신앙에 만족하고 있다는 사실을 발견했다.

그러나 주일 중심의 신앙에 끌리는 우리의 성향은 어쩌면 진짜 문제에서 나온 하나의 증상에 지나지 않을지도 모른다. 만일 내가 의사라면 우리 가운데 많은 사람이 '주일 지상주의 그리스도인'이라는 문제를 갖고 있는 이유를 다음과 같이 진단할 것이다.

"당신은 예수님의 초대를 완벽하게 이해하지 못했습니다."

더 정확히 말해서 예수님의 초대를 해석하는 과정에서 착오를 일으켰기 때문이다.

나는 옆에서 잠잠히 듣고 있는 것을 좋아한다. 나는 가끔 아내와 식당에 가면 바로 뒤나 옆 혹은 반대편의 식탁에서 들려오는 대화에 귀를 쫑긋 세우게 된다. 다른 사람 이야기를 들음으로써 많은 것들을 알게 된다. 그런 대화들 속에서 유명한 설교자들의 가르침에 관한 내용을 듣게 되는 경우가 종종 있다. 그때마다 나는 예수님을 따르는 것이 쉽다는 인상을 받는다.

사실 예수님을 따르는 것은 단순한 일이다. 그러나 쉬운 일은 아니다. 예수님은 다음과 같이 말씀하셨다.

"아무든지 나를 따라오려거든 자기를 부인하고 날마다 제 십자가를 지고 나를 따를 것이니라" 눅 9:23.

예수님은 "날마다 십자가를 져라! 그리고 나를 따르라!"라고 말씀하신다. 여기에서 말하려는 핵심 내용이 이해되는가? 분명히 예수님을 따르는 것은 단순한 일이지만 쉬운 일은 아니다.

십자가의 동의어

예수님의 말씀은 큰 충격을 주는 압도적인 힘을 갖고 있다. 그런데 불행하게도 오늘날, 예전 시대만큼의 충격을 주지 못하는 것 같다. 우리는 눈에 보이는 십자가를 깨끗이 닦아 반들반들하게 광택을 낸다. 우리에게 십자가는 장식품이나 목이나 귀에 거는 액세서리, 예배당 스테인드글라스에 그려진 이미지일 뿐이다. 십자가는 우리에게 아무런 해도 끼치지 않는 것처럼 보인다.

하지만 AD 1세기에는 그렇지 않았다. 십자가는 잔혹한 처형 수단이었다. 혹자는 이렇게 말했다.

"만일 당시에 어떤 사람이 십자가 모양의 목걸이를 걸고 다녔다면, 오늘날 사형 집행용 전기의자 모양의 목걸이를 걸고 다니는 것과 같았을 것이다."

누군가 사형 집행용 전기의자 모양의 목걸이를 하고 다닌다면 우리는 '흉측한, 대중의 정서에 반하는, 메스꺼운, 끔찍한, 혐오스러운 짓'이라고 서슴지 않고 말할 것이다. 이렇게 부정적으로 사용되는 단어들이 바로 십자가의 동의어이다. 하지만 오늘날 거의 모든 사람이 십자가를 그렇게 여기지 않는다.

AD 1세기에 사람들이 바라본 십자가는 죄를 범한 죄수들의 시신을 매달은 것이었다. 지금처럼 예배당 내부에 걸려 있거나 외부의 첨탑에 세워져 있거나 혹은 치장하기 좋아하는 사람들의 목이나 귀에 걸려 있는 금빛이나 은빛의 반짝거리는 것이 아니었다.

역사 기록에 따르면 수천 개의 십자가들이 도로를 따라 줄지어 서 있었기 때문에 가끔 발 디딜 틈이 없을 때가 있었다고 한다. 본래의 십자가는 섬뜩한 경고판의 역할을 했다.

"반역하지 말라! 반역하면 이렇게 될 것이다!"

오늘날 우리는 자신의 십자가를 지는 것에 대해 이야기할 때, 종종 매정한 계모의 냉대를 견디는 것이나 장래가 불투명한 일자리를 감수하는 것이나 감기나 손거스러미 손톱 부분의 피부가 벗겨져 통증을 일으키는 것를 앓는 것 정도로 생각한다. 이런 현상은 우리가 '십자가를 지는 것'이라는 개념을 언어적으로가 아니라 문화적으로 잘못 해석했기 때문에 생겼다.

AD 1세기에 십자가를 진다는 것은 한 가지 의미였다.

"나는 걸어 다니는 죽은 자입니다!"

그것은 이제 곧 십자가에 결박되거나 못 박히게 된다는 뜻이다. 더 큰 문제는 '과연 십자가에서 살아남을 수 있을까'라고 고민하는 것이 아니라 '내가 얼마나 버티다가 죽게 될까'라고 두려워해야 한다는 점이다.

'20세기의 예언자'라는 칭송을 받았던 A. W. 토저 Aiden Wilson Tozer, 1897-1963, 미국의 복회자는 《신앙의 기초를 세워라》 The Root of the Righteous 라는 책에서 십자가를 지는 것을 다음과 같이 말했다.

십자가는 기존의 것을 끝내고 새로운 틀을 창조하면서 그 목적을 이룬다. 십자가는 언제나 십자가 자체의 길을 간다. 십자가는 반대자를 패배시키고 그 뜻을 관철시킴으로써 승리한다. 십자가는 언제나 지배한다. 십자가는 결코 타협하지 않으며 거래하거나 협의하지도 않는다. 평화를 위해 일보 양보하는 법도 없다. 십자가는 평화를 걱정하지 않는다. 십자가는 오직 가능한 한 빨리 대적을 해치우기를 원할 뿐이다.

그 당시에 십자가를 진다는 것은 죽음을 뜻했다. 이제 당신은, 예수님이 사람들에게 각자 자기 십자가를 지고 예수님을 따르라고 초대했을 때, 그 제안을 받아들였던 사람이 거의 없었던 이유를 이해할 수 있을 것이다. 자기 십자가를 지라는 예수님의 제안은, 사람들이 그 함의를 진짜 잘 이해할 때, 서슴지 않고 환영할 만한 제안이 결코 아니었다.

살고 싶다면 먼저 죽어라

자기 십자가를 지라는 예수님의 제안은 풍족한 삶이나 성공이 보장된 삶, 혹은 고통과 몸부림과 갈등이 없는 삶으로의 초대가 아니다. 사실 예수님은 우리에게 살라고 요구하지 않으신다. 오히려 죽으라고 하신다. 무시무시한 느낌이 들고, 소름이 돋는다. 이렇게 십자가를 지라고 하신 예수님이 바로 "내가 온 것은 양으로 생명을 얻게 하고 더 풍성히 얻게 하려는 것이라"요 10:10라고 말씀하신 바 있다.

도대체 예수님은 우리를 어디로 초대하고 계신 것일까? '사는 것'인가, '죽는 것'인가? 물론 그 답은 둘 다이다. 예수님은 우리가 살려면 먼저 죽어야 한다는 사실을 알고 계셨다! 얼토당토않은 부조리로 들릴 수 있지만 사실이다. 그것이야말로 예수님 나라의 거꾸로 뒤집힌 신학에 딱 들어맞는 말이다. 예수님은 이렇게 주장하셨다.

"첫째가 되고 싶거든 꼴찌가 되어라. 자유로워지고 싶거든 종이 되어

라. 살고 싶거든 먼저 죽어라."

합리적으로 들리든 그렇지 않든, 예수님이 그분을 따르고자 하는 사람에게 내미시는 초대는 이것이다.

"살기 위해 죽어라!"

그러나 죽으라는 예수님의 초대는 우리의 육체와 뼈에 관련된 얘기가 아니다. 그 초대는 우리의 마음과 생각과 영혼에 관련된 얘기다. 사실 우리는 물리적으로 보았을 때 매일 매 순간마다 죽어가고 있다. 그러나 자기 십자가를 지라는 예수님의 초대는 영적으로 죽는 것과 연관되어 있다.

성경은 우리가 우리의 피부 표면 밑에서 살아가고 있는, '죄의 정욕'이라 부를 수 있는 괴물을 갖고 있다고 설명한다롬 7:5 참조. 우리의 본성은 부도덕, 악, 모든 종류의 방종을 향한 만족할 줄 모르는 탐욕을 지니고 있다.

오래가지 못한 관계

인간이 처음부터 죄악의 본성을 갖고 있었던 것은 아니다. 구약성경 창세기의 처음 두 장은 아직 죄가 창조의 뒷문으로 들어오지 않았던 때에 대해 기술한다. 비록 오래 지속되지 않았지만 죄를 짓기 이전에는 아름다웠고, 순결했으며, 순수했고, 거룩했다.

성경의 처음 몇 페이지는 남자와 여자 사이의 사랑과 친밀한 관계에 대해 말하기도 하지만 그보다는 인류와 하나님, 창조주와 피조물 사이의 사랑과 친밀한 관계를 더 많이 말한다. 하지만 그런 관계는 오래가지 못했다. 타락한 천사인 원수, 뱀을 대리인으로 내세운 사탄이 불쑥 나타나 하와에게 하나님에 관한 이야기를 했다. 하지만 그것은 거짓말이었다.

사탄의 말은 언제나 거짓으로 가득 차 있다. 사탄이 알고 있는 유일한 언어가 '기만'과 '협잡'이기 때문이다. 뱀은 하와를 속였다. 하나님께서 금하신 나무의 열매를 한 입 깨물기만 하면 하나님과 같아질 것이라고 말했다. 이것을 다른 말로 표현하면, 그녀가 더는 하나님을 필요로 하지 않게 될 것이며 그녀가 바로 그녀 자신의 하나님이 될 것이라고 했다.

모름지기 거짓말이란 너무나 좋게 들려 사실로 여겨지게 만드는 법이다. 에덴동산 때도 그랬고, 지금도 그러하며, 앞으로도 그럴 것이다. 하와는 뱀의 거짓말을 믿었다.

"한 입만 깨물어! 그거면 충분해!"

그러자 세상에 많은 것들이 들어왔다. 교만, 시샘, 질투, 학대, 미움, 분노, 탐욕 등이 들어왔다. 죄가 뒷문을 부수고 세상에 침입했다. 하나님의 낙원이 사탄의 놀이터가 되었다. 더욱이 죄는 혼자 오지 않고 사망을 데리고 왔다. 사망은 언제나 죄의 뒤를 졸졸 따라다닌다.

언제 어디에서나 그렇다.

로마서 6장 23절은 "죄의 삯은 사망"이라고 말한다. 죄 다음에는 사망이 온다. 그렇게 죄와 사망의 악순환이 이 세상을 수중에 넣고 꼼짝 못하게 장악했다. 예수 그리스도가 십자가를 질 때까지 그랬다.

사실 예수님은 십자가에 못 박혀 죽은 최초의 인물이 아니었다. 예수님 이전에도 수만 명의 사람들이 동일한 방식으로 죽임을 당했다. 그들 모두는 무덤에 잠들어 있다. 하지만 오직 예수님만은 그렇지 않았다. 예수님은 셋째 날 아침에 살아 있는 모습으로 자신의 무덤 밖으로 걸어 나오셨다.

그날이 주일이었다.

예수님 이전에는 생명이 죽음으로 끝났다. 그러나 이제 예수님을 믿고 그 발자취를 따르는 사람은 죽으면 생명을 얻게 된다.

자기 십자가를 지라는 예수님의 초대를 세련되게 다듬고 꾸미면 매력적으로 보일 수도 있다. 그러나 십자가를 갖고 그렇게 하기는 애당초 불가능하다.

'십자가는 죽인다. 그리고 정복하고, 압도하며, 승리한다. 언제나 그렇다!'

자기 십자가를 지라는 예수님의 초대는 그야말로 날마다 죽으라는 초대이다. 그것은 주일 하루가 아니라 매일 우리 육체의 욕망을 죽이라는 부르심이요, 자아에 대하여 죽으라는 부르심이요, 우리 안에서 활동하시는 성령의 역사에 순복하라는 부르심이요, 유혹의 속삭임을 묵살하라는 부르심이요, 수백만 가지 다양한 방식으로 순간적으로 누리는 육정을 만족시키는 매력에 흔들리지 말라는 부르심이다. 십자가를 지는 것은 편안하거나 편리하지 않다. 그러나 살고 싶다면 십자가를 지는 것이 필요하다.

오늘날 많은 성경 교사들과 설교자들이 마치 쇳가루가 자석에 끌려가는 것처럼 청중의 귀와 마음을 편하게 해주는 메시지에 끌려가고 있다. 나는 그 이유를 알 수 있을 것 같다. 그것은 메시지가 편하기 때문이다. 당신이 한 사람의 설교자로서 전국 각지의 체육관을 돌면서 집회를 갖고, 출판 기념회를 열면서, 언론 매체를 타기를 원한다면 "날마다 죽어라!" 같은 표어는 접어야 한다. 만약 그런 메시지를 전하면 수천수만의 군중들이 단번에 소수의 무리로 줄어들 것이다. 예수님을 보라. 소수만이 남는다. 그것도 극소수만 남는다!

무섭지만 져야 해

예수님은 이렇게 말씀하셨다.

"좁은 문으로 들어가라 멸망으로 인도하는 문은 크고 그 길이 넓어 그리로 들어가는 자가 많고 생명으로 인도하는 문은 좁고 길이 협착하여 찾는 자가 적음이라" 마 7:13,14

좁은 길은 인적이 뜸하다. 그럴 만한 타당한 이유가 있다. 당신 등에 지고 있는 십자가의 무게로 인해 아무리 애를 써도 그저 비척거리게 될 뿐, 그 길을 따라 경쾌하게 보행할 수 없기 때문이다. 예수님은 그 십자가가 얼마나 무거운지 잘 알고 계신다.

"마침 알렉산더와 루포의 아버지인 구레네 사람 시몬이 시골로부터 와서 지나가는데 그들이 그를 억지로 같이 가게 하여 예수의 십자가를 지우고 예수를 끌고 골고다라 하는 곳(번역하면 해골의 곳)에 이르러 몰약을 탄 포도주를 주었으나 예수께서 받지 아니하시니라 십자가에 못 박고 그 옷을 나눌새 누가 어느 것을 가질까 하여 제비를 뽑더라" 막 15:21-24.

만일 예수님이 건강한 상태였다면 스스로의 힘으로 십자가를 지고 갈수 있었을 것이다. 그러나 예수님이 예루살렘의 그 고난의 좁은 길을 비틀거리며 걷기 시작하였을 때 그분은 거의 죽을 정도로 구타를 당한 상태였다.

그래서 구레네 사람 시몬이 예수님 대신 십자가를 지고 갔다. 하지만 그 역시도 비틀거렸을 것이 분명하다. 십자가는 무겁다. 예수님은 십자가가 무거운 짐이 된다는 것을 잘 알고 계셨다. 그럼에도 불구하고 우리에게 이렇게 말씀하신다.

"날마다 제 십자가를 지고 나를 따를 것이니라" 눅 9:23.

화요일에나 목요일에나 주일에나 동일한 생명

우리가 '생명을 얻으라'는 예수님의 초대요 10:10 참조를 받아들일 수 있을 때는, 죽으라는 예수님의 초대눅 9:23 참조를 받아들일 때뿐이다. 그리고 예수님이 우리에게 내미시는 그 생명은, 우리가 알고 있는 종류의 생명이 아니라 지금 여기에서 시작되어 장래에까지 이어지는 영원한 생명이다. 그것은 며칠, 몇 주, 몇 해로 축소되거나 측정될 수 있는 생명이 아니다. 그것은 '날들'days과 무관한 종류의 생명이다. 그것은 화요일에나 목요일에나 주일에나 동일한 생명이다.

당신이 이와 같은 생명을 지니고 살아갈 때, 당신 주변의 모든 사람들은 말할 것도 없거니와 그 누구라도, 당신이 예수님을 열정적으로 따르는 사람이라는 사실을 알아보게 될 것이다. 당신의 삶의 방식을 다른 어떤 방법으로도 설명할 수 없을 것이기 때문이다. 설령 주일이 존재하지 않는다고 해도 말이다.

1. "네 십자가를 지고 나를 따르라!"라는 말을 들을 때 어떤 이미지가 떠오르고, 어떤 생각이 드는가? 예수님의 그 초대가 당신 삶에 어떻게 적용될 수 있는가?

2. 당신의 자아에 대하여 진정으로 죽는다는 것은 실제적으로 무엇을 뜻하는가?

3. 당신의 자아에 대하여 진정으로 죽기 위해 당신 내면에서 변화되어야 할 부분에 대해 생각해보라. 그리고 당신으로 하여금 그러한 변화를 모색하지 못하게 방해하는 것이 무엇인지 정리해보라. 교만과 게으름인가? 아니면 굳이 힘쓰지 않아도 성령께서 그러한 변화를 일으켜주실 것이라는 기대인가?

자비롭고 거룩하신 아버지시여!
저의 자아에 대하여 죽어야 한다는 것을
날마다 상기시켜주소서!
제가 바라는 것들을 누르고
아버지께서 바라는 것들을 택할 수 있도록 도우소서!
그러나 또한 제가 바라는 것들을 아버지께서 바라는 것들에
정확히 일치시킬 수 있게 가르쳐주소서!
아버지를 따르는 것이 언제나 쉽지만은 않다는 것을 잘 압니다.
사실 때로는 고통스럽기도 합니다.
그러나 그렇게 할 수 있는 힘을 주소서!
마땅히 제가 져야 할 십자가를 대신 져주신 것을 감사드립니다.
예수님의 이름으로 기도드립니다. 아멘.

THE REAL LIFE

real

PART 02

진짜
그리스도인의 **삶**

06
CHAPTER

재갈을 물리지 않은 후함
터무니없게 느껴질 정도로 분에 넘치게 나누다

초상화 한 점

이제부터 나는 초상화 하나를 그리려고 한다. 유화도 아니고 수채화도 아니며 소묘도 아니지만 초상화는 초상화이다. 다름 아닌 지금까지 내가 넌지시 암시해온 실제 삶에 대한 초상화이다. 물론 말로 묘사하는 나의 초상화에 아쉬운 부분들이 있을 것이다. 어쩌면 내 아들의 고무 찰흙으로 미켈란젤로의 다비드 상을 다시 빚는 게 더 나을지도 모른다. 그럼에도 불구하고 예수님이 우리에게 명하시는 삶의 윤곽을 잡는 데 말로 그린 것이나마 이 초상화가 도움이 될 것이다.

거리를 지나가는 사람을 아무나 붙잡고, "교회" 하면 떠오르는 단어를 물어보면 다음과 같은 단어를 언급할 것이다.

"무기력하다, 인색하다, 새로울 게 없다, 안일하다, 지겹다, 소심하다."

안타깝게도 사람들이 오늘날의 몇몇 교회를 바라볼 때 이렇게 느낀다. 그러나 초대교회는 그렇지 않았다. 예수님이 세우신 교회는 그렇지 않았다. 초대교회는 세상을 거꾸로 뒤집어놓는다는 비난을 받았다. 무기력하고, 인색하며, 새로울 게 없고, 안일하며, 지겹고 소심한 교회는 세상을 거꾸로 뒤집어놓는다는 비난을 받지 않는다. 천하를 어지럽힌다는 비난을 받을 일도 없다. 현대 교회가 그런 명예로운 비난을 받지 못하는 이유는 바로 우리가 잘못 살고 있기 때문이다.

하지만 사도행전을 잘 읽어보면 교회를 기술하는 전혀 다른 단어들의 목록을 접할 수 있다(거듭 강조하지만, 여기서 교회는 특정한 장소가 아니라 특정한 사람들의 모임을 뜻한다). 그 단어들은 다음과 같다.

"재갈을 물리지 않았다, 대담하다, 반항적이다, 위험을 감수한다, 집요하다, 파문을 일으킨다, 미친 것 같다."

그렇다면 이렇게 표현된 단어에 대해 하나씩 살펴보도록 하겠다.

말들에게 재갈을 물리는 이유

나는 켄터키 주에 살고 있다. 미국이 자유의 땅이라면 켄터키는 말들 horses의 땅이다. 사람들은 이곳 켄터키를 '푸른 풀들의 주'Bluegrass State 라고 부르지만 나는 아직 푸른 풀이라고는 한 포기도 보지 못했다. 내

눈에 보이는 것이라고는 온통 백색 울타리와 말뿐이다. 여기는 말이 정말 많다. 만일 말을 인구로 계수한다면 켄터키 주는 인구 비례에 따라 한두 개의 하원의석을 추가로 배정받고도 남을 것이다. 어디를 가나 온통 말이다. 그리고 매년 5월이면 이곳 루이빌에 위치한 '처칠 다운스'Churchill Downs 경마장에서 그 유명한 켄터키 경마대회Kentucky Derby가 열린다.

나는 일평생 딱 한 번 말을 타보았다. 그리고 말에 대한 지식이 승마 경험만큼이나 적다. 나는 말이 네 개의 다리를 갖고 있으며, 그 발들에 신발말발굽에 박는 편자을 신고 있다는 것을 안다. 그리고 개인적으로 이해할 수 없는 일이지만 손을 뜻하는 '핸드'hand라는 단위로 말의 키를 잰다는 것을 알고 있다. 또한 사람들이 말의 동작과 속도와 방향을 통제하기 위해 고삐에 부착된 재갈을 물린다는 것도 알고 있다.

재갈을 물린다는 것은 억제하고 통제한다는 것, 제지하고 제한한다는 것을 뜻한다. 따라서 재갈을 물리지 않았다는 것은 억제하거나 통제하지 않는다는 것, 제지하고 제한하지 않는다는 것을 뜻한다.

만약에 평범한 사람에게, 그들이 알고 있는 그리스도인들을 '재갈을 물린'이라는 표현과 '재갈을 물리지 않은'이라는 표현 가운데 어느 것이 어울리는지 택하라고 한다면, 어느 쪽을 택하겠는가? 그들이 '재갈을 물린'이라는 표현을 더 많이 선택할 것 같아서 염려스럽다.

"억제하고, 통제하며, 제지하고, 제한한다." 이 단어들을 가지고 상상해보면, 오늘날 그리스도를 따르는 사람들 가운데에는 앞에서 열거한 단어들을 자랑스럽게 주장할 이들도 있을 것이다. 그러나 혹 누가 초대교회의 첫 그리스도인의 모습을 있는 그대로 기술했다면 절대 그런 단어들로는 기술하지 않았을 것이다. 이는 초대교회의 성도들이 순종적인 태도로 예수님을 따르는 이들이 아니었다는 말이 아니다. 그들이야말로 참으로 순종적인 자세로 예수님을 따랐다. 또한 그들의 생활에 규율과 질서가 없었음을 뜻하지도 않는다. 그들이야말로 믿음 안에서 훈련되고 절제된 삶을 살아갔다. 위의 네 단어가 그들과 무관하다는 사실은 그들이 재갈을 물리지 않은 삶을 살았음을 의미한다.

내 것이 없다

그 누구도 그들을 억제하지 못했다. 통제하거나 제한하지 못했다. 그들은 후한 태도로 하나님 앞에서 다른 사람을 배려했다. 사도행전을 잘 읽어보면 재갈을 물리지 않은 후함에 관한 증거들을 발견할 수 있다. 아끼지 않고 주는 후함, 터무니없게 느껴질 정도로 엄청난 후함, 지나칠 정도로 넘치는 후함, 풍성한 후함이다.

"믿는 무리가 한마음과 한뜻이 되어 모든 물건을 서로 통용하고 자기 재물을 조금이라도 자기 것이라 하는 이가 하나도 없더라" 행 4: 32.

그들은 약간의 물건을 나누지 않았다. 많은 물건을 나눈 것도 아니고, 거의 모든 물건을 나누지도 않았다. 그들은 자신이 가진 '모든' 것을 모든 사람과 함께 나누었다.

사람들은 종종 "팀 안에 '나'는 없어!"라고 말한다. 초대교회 성도들의 표어도 이와 유사했다.

"교회 안에 나의 것은 없어!"

그 누구도, 그 어떤 재산이라도 자신의 것이라고 주장하지 않았다.

"내 자동차가 아니야! 내 집이 아니야! 내 은행 계좌가 아니야! 내 옷이 아니야! 우리의 것이지 나의 것이 아니야!"

정말 감동적인 말이다. 하지만 정직하게 우리 자신을 들여다보자. 우리는 그런 말을 듣는 순간, 마음속에서부터 끝도 없는 질문이 나오기 시작한다.

'그 사람들을 공짜로 내 집에서 살게 했다가 그들의 아이가 나에게 손해를 끼치면 어떻게 하지? 나의 자동차를 빌려주었다가 그들이 사고를 내면 어떻게 하지? 나의 돈을 빌려주었다가 영영 돌려받지 못하고 떼이면 어떻게 하지? 나의 옷을 빌려주었는데 얼룩을 묻혀 망가뜨리거나 돌려주지 않으면 어떻게 하지?'

이것은 나 혼자만의 염려가 아닐 것이다. 당신은 이 모든 질문에 내재되어 있는 문제가 무엇인지 알아차렸는가?

첫 번째는 '나의! 나의! 나의!'이다. 그리고 두 번째는 '만약에'로 시작해서 '어떻게 하지?'로 끝나는 질문이다. 어쩌면 책임감의 발로發露처럼 들릴 수도 있지만 우리의 생활어휘사전에서 '나의'라는 단어를 '우리의'라는 단어로 대체하면 더는 문제가 되지 않을 것이다.

이는 우리가 물 쓰듯이 돈을 펑펑 써야 한다는 것을 뜻하는가? 그렇지 않다. 그러면 물건을 함부로 다루어도 괜찮다는 것을 뜻하는가? 전혀 아니다. 이는 단지, 명확하게 대답할 수 없는 "만약에 …되면 어떻게 하지?"라는 식의 질문을 되풀이하는 것이 다른 사람들에게 인색할 수밖에 없는 이유라도 되는 양 행동해서는 안 된다는 것을 뜻한다.

물론 지나치게 사회주의적으로 들리는 이런 말이 당신 마음을 거북하고 복잡하게 만들 수 있다. 당신은 이런 생각들에 오래 골몰하며 사회주의 국가 체제를 연상할 수도 있다. 그러나 나는 자본주의나 사회주의에 대해 논하고 있는 것이 아니다. 우리는 교회라 불리는 그리스도 중심의 공동체에 대해 말하고 있다. 그리고 그런 교회 안에는 '나의'가 없다!

어떻게 그런 일이?

"그중에 가난한 사람이 없으니" 행 4:34.

교회 안에 가난한 사람이 없다는 것을 상상할 수 있겠는가? 당신이 주일마다 함께 예배드리는 사람들에 대해 생각해보라. 그들의 이름과 얼굴과 삶의 이야기를 얼마나 많이 알고 있는가? 아마도 당신이 출석하고 있는 지역 교회를 구성하고 있는 사람들에 대해 아는 바가 그렇게 많지 않을 것이다. 그렇다면 잠깐 시간을 내서, 당신이 알고 있는 사람들이 일상의 삶에서 전형적으로 어떤 물질적 어려움에 직면해 있을지 한번 기록해보라. 잠깐 책을 덮고 실제로 목록을 작성해보라.

나는 당신이 알고 있는 사람들을 모르고 당신은 내가 알고 있는 사람들을 모른다. 하지만 결국 우리가 작성하게 될 목록은 아래와 상당히 유사할 것이라 장담할 수 있다.

'주택이나 자동차 할부금, 신용카드 대금 지불, 의료비, 자녀 양육비, 자동차 수리비, 법률 상담 비용, 자폐증 자녀를 위한 봉사 견 등.'

이런 항목들은 끝없이 이어진다. 우리 삶에 필요한 것들은 이곳에 열거할 수 있는 것보다 훨씬 더 많다. 그러나 솔직히 나는 그 모든 것들을 다 알고 있지 않다는 사실이 기쁘다. 그랬다가는 그 무게에 짓눌려 기분이 침울해질 것이기 때문이다. 안 그래도 필요한 것들이 너무나 많아서 가끔씩 망연자실하고 있으니 말이다.

아무튼 사도행전 4장 34절이 초대교회 성도들에 대해 표현하는 말을 다시 살펴보자.

"그중에 가난한 사람이 없으니!"

상징적인 표현이 아니다. 글자 그대로 그렇다는 뜻이다. 지불되지 않은 청구서가 없었다. 텅 빈 식료품 저장실이 없었다. 치료비가 없어서 병원에 못 가는 사람이 없었다. 궁핍한 사람이 없었다. 그중에 가난한 사람이 없었다. 어떻게 그런 일이 일어날 수 있을까?

"그중에 가난한 사람이 없으니 이는 밭과 집 있는 자는 팔아 그 판 것의 값을 가져다가 사도들의 발 앞에 두매 그들이 각 사람의 필요를 따라 나누어줌이라 구브로에서 난 레위족 사람이 있으니 이름은 요셉이라 사도들이 일컬어 바나바(번역하면 위로의 아들이라) 하니 그가 밭이 있으매 받아 그 값을 가지고 사도들의 발 앞에 두니라" 행 4:34-37.

땅을 팔고, 집을 판다. 필요한 사람에게 돌아갈 수 있게 교회에 그 돈을 내어놓는다. 이런 일들이 딱 한 번이 아니라 자주 일어난다.

집과 자동차를 선뜻 내주는 사람들

내가 지금 섬기는 교회에서는 땅과 집을 팔아 교회에 내어놓는 사례들이 종종 일어난다. 최근에는 우리 교회의 신혼부부 한 쌍이 아름다운 집 한 채를 아무런 조건도 달지 않고 교회에 위탁했다.

작년에 우리 교회의 한 자매가 남편도 없이 홀몸으로 가족을 부양하기 위해 최선을 다하고 있다는 사실을 알게 되었다. 그녀는 마땅한 이동수단이 없어서 일을 하는 데 어려움을 겪고 있었다. 우리 교회 구제기금 담당자가 그녀에게 자동차를 마련해주기 위해 교회 차원에서 할 수 있는 일이 무엇인지 물어왔다. 나는 처음에 이렇게 생각했다.

'말도 안 돼! 우리가 어떻게 그런 일을 할 수 있겠어?'

하지만 다시 곰곰이 생각해보니 방법이 있을 것도 같았다. 나는 교인들에게 그녀의 어려움을 해결해줄 기회를 주기로 결심했다. 그래서 그 다음 주일, 예배를 마칠 무렵 그녀의 필요에 대해 공표했다.

"누가 그 필요를 채워주시겠습니까? 누가 자동차를 기증하시겠습니까? 누가 교회가 되시겠습니까?"

그리고 강단을 내려오기 직전에 다시 말했다.

"속히 다음 주일이 와서 자동차를 기증받았다는 소식을 기쁘게 공표하게 되기를 고대합니다!"

그 말을 마치고 강단을 내려오면서 1,500명의 교인들 앞에서 너무 위험한 진술을 한 것 같은 생각이 들었다.

'아무도 기증하지 않으면 어떻게 하지? 한 번 더 생각하고 말할 걸 그랬나?'

그 주간에 우리는 한 대가 아닌 무려 네 대의 자동차를 기증받았다. 안전하고 멋진 성능 좋은 자동차 네 대를 말이다! 자비롭고 은혜로우신 주님의 이름을 찬양한다! 그 덕분에 우리 교회 구제부서 담당자들이 차의 명의이전과 보험가입 등 세세한 일들을 처리하느라 행복한 비명을 질렀다.

소유권에 대한 이해

재갈을 물리지 않은 후함! 나는 그것을 직접 체험했다. 이는 참으로 아름다운 행위며, 주변 사람들을 아연하게 만든다. 이런 헌신이 결코 흔하지 않기 때문이다.

우리는 예수님을 따르는 사람으로서 돈과 재산이 나의 것이 아니라 우리의 것이라고 말해왔다. 틀린 말은 아니다. 그러나 전적으로 맞는 말도 아니다. 왜냐하면 그것들이 기실, 우리의 것조차도 아닌 하나님의 것이기 때문이다. 모든 것이 다 하나님의 것이다!

계속 깨닫게 되는 것이 있다. 물질을 향한 우리의 욕심과 베풂과 내어놓음에 대한 두려움뿐만 아니라 물질의 소유권 문제에 대한 몰이해沒理解가 하나님께 후하게 바치고 이웃들에게 후하게 베푸는 삶에 큰 장애가 된다는 사실이다. 시편 기자는 다음과 같이 말한다.

"땅과 거기에 충만한 것과 세계와 그 가운데에 사는 자들은 다 여호와의 것이로다"시 24:1.

전적으로 맞는 말이다. 내 것은 하나도 없다. 모든 것이 하나님의 것이다. 밤하늘의 별도 하나님의 것이다. 산과 바다도 하나님의 것이다. 평야와 계곡, 숲과 정글도 하나님의 것이다. 동물과 식물도 하나님의 것이다. 태양과 달도 하나님의 것이다. 모래 알갱이 하나, 티끌 하나도 다 하나님의 것이다! 모든 것이 다 하나님의 것이다. 그러나 하나님께서는 그 모든 것들을 나눠주신다. 누구에게 나눠주시는가? 우리에게 베푸시고, 모든 사람들에게 베풀어주신다! 의인과 악인에게 나눠주신다!

당신 명의로 소유권 등기가 되어 있는 집조차도 사실은 하나님의 것이다. 당신 이웃의 집도 마찬가지이다. 당신이 악착같이 저축하여 구입한 여분의 자동차, 그것 역시 하나님의 것이다. 그 목록을 얼마든지 나열할 수 있다.

'당신의 옷, 당신의 음식, 당신의 은행 계좌, 당신의 종신연금, 당신의 주식 자산 등.'

이 모든 것들이 다 하나님의 것이다. 당신의 앞뒤, 좌우, 주변에 있는 것들을 보라. 그 모든 것이 다 하나님의 것이다. 그리고 하나님께서는 그 모든 것들을 당신에게 나눠주고 계신다. 이런 말을 들을 때 무슨 느낌이 드는가? 사회주의 강령처럼 느껴지는가, 아니면 하나님의 후한 마음이 느껴지는가?

나는 이번 장에서 '사회주의적'이라는 단어를 몇 차례 언급했다. 그 단어는 이해하기가 꽤 까다롭지만 다음 한 가지 사실만큼은 명확히 알아두자. 전형적인 사회주의 제도 안에서 사는 것과 재갈을 물리지 않은 후함을 주된 특징으로 나타내는 그리스도 중심의 공동체 안에서 사는 것 사이에는 엄청난 차이가 있다.

하나는 겁박劫迫에 의해 강요되고 다른 하나는 자발적 의사에 의해 선택된다는 점이다. 하나는 강압적 의무에 의해 추진되고 다른 하나는 사랑에 의해 추진된다. 하나님이 후하게 베풀어주시는 것은 사랑의 힘으로 추진된다. 그러나 하나님이 후하게 베풀어주시는 것을 기술하기 위한 최선의 단어는 아무래도 '재갈을 물리지 않은'이라는 표현이 아닐까 생각된다. 하나님께 후하게 바치고 다른 사람에게 후하게 베푸는 것과 관련해서 현재 당신의 삶의 방식을 어떤 단어로 기술하겠는가?

'억제된'이라는 단어인가?

'통제된'이라는 단어인가?

'제지받는'이라는 단어인가?

'제한받는'이라는 단어인가?

아니면 '재갈을 물리지 않은'이라는 단어인가?

정직하게 답해보라.

자발성에 관계된 문제

명확히 말하면 값비싼 물건을 기증하고도 후회하지 않는 삶을 살 수 있다. 후함의 문제는 전적으로 자발성에 달려 있다. 그러므로 진짜 문제는 당신이 다른 사람들의 필요를 채워주기 위해 당신 집이나 땅 몇 평을 팔았느냐 하는 것이 아니라 그런 행위를 하고자 하는 자발성을 갖고 있느냐 하는 것이다.

우리들 대부분은 "예!"라는 말을 하고 싶어 한다. 그리고 실제로 그렇게 하려는 사람도 있을 것이다. 당신은 집을 내놓으려고 할 수도 있다. 부동산 중개업자를 고용하려고 할 수도 있다. 인터넷 주택매매 사이트에 매물을 올리려고 할 수도 있다. "집 팝니다!"라는 푯말을 마당에 세우고자 할 수도 있다. 격언인지 속담인지 모르겠으나 이런 말이 있다.

"마지막 결정의 순간을 마주하기 전까지는 당신이 하고자 하는 일이 어떤 일인지 진정으로 알 수 없다!"

우리의 논의에 타당하게 적용되는 말이 아닌가 싶다. 다른 사람들의 필요를 채워주기 위해 나의 소유를 처분하거나 제공하는 것은 매우 고결하고 덕스러운 일이다. 그러나 그런 일을 행한 후에 "만약에 …되면 어떻게 하지?"라는 질문을 던지면서 고심하는 것은 무익하다. 가장 현실적으로 말해보자.

"당신 집에 빈방이 있는가?"

믿을 만한 통계에 의하면 대부분의 사람들이 집에 빈방을 갖고 있다고 한다. 우리 집도 예외는 아니다. 우리 부부는 특정한 사람이나 가족들에게 무료로 우리 집 2층의 빈방을 제공하는 것에 대해 몇 차례 의논한 바 있다. 우리는 그렇게 했을 경우에 일어날지 모를 거의 모든 상황들에 대해 숙고한다.

그러한 검토의 결과로 우리가 내놓을 수 있는 것은, 그렇게 하는 것이 우리 부부에게 딱 맞는 최선의 행위가 되지는 못하리라는 이유들 혹은 실로 큰 불편을 초래하리라는 이유들의 목록뿐이다.

"우리가 그런 일을 준비해서 실행할 시간을 낼 수 있을까? 만약에 잘못되면 어떻게 하지? 만약에 불편해지면 어떻게 하지?"와 같은 질문들 속에서 길을 잃고 방황하는 우리 자신의 모습을 발견한다. 그리고 그렇게 "만약에 …되면 어떻게 하지?"라는 질문의 홍수 속에서 아내와 나의 대화는 보통 시들시들 스러져버리고 우리 집 2층의 넓은 방은 여전히 텅 빈 채로 남게 된다.

그리고 공평하게 말하자면 우리가 빈방을 누군가에게 무료로 제공하려고 해도 상대방이 여러 가지 다양한 이유로 거부하는 경우가 있다. 그렇게 되면 우리의 2층 넓은 방이 여전히 텅 빈 채로 남게 된다는 사실은 변함없다.

당신의 경우는 어떤가? 당신을 비난하려고 이런 말을 하는 게 아니다. 우리 모두 정직한 반성의 기회로 삼자는 뜻일 뿐이다. 후하게 베푸는 문제가 집과 토지와 방에만 해당되는 것이 아니다. 그것은 또한 자동차, 음식, 교통수단, 연료비, 의약품, 학용품 등에도 연관되어 있다. 사실 그러한 항목들은 끝없이 이어진다.

다른 사람들의 필요를 채워주기 위해 나의 소유를 파는 것! 거기에는 매우 고결하고 훌륭한 가치가 있다.

하지만 진실을 말하거니와 재갈을 물리지 않은 후한 삶은 그런 거창한 행위보다는 마트에서 장바구니에 여분의 식료품을 담거나, 자동차에 더 많은 연료를 주입하거나, 손님용 침실에 깨끗한 자리를 깔거나, 성탄절 트리 아래 여분의 선물 꾸러미를 갖다놓는 등 다소 평범하고 일상적인 면모를 종종 보일 것이다.

다른 사람의 음식 필요를 채워주는 후함

모름지기 후함은 그 형태와 방식이 어떻든지 다른 사람의 필요를 채워 줄 수 있는 기회를 낳는다. 그 필요에는 물질적인 것뿐만 아니라 영적인 필요도 포함된다.

"사도들이 큰 권능으로 주 예수의 부활을 증언하니 무리가 큰 은혜를 받아" 행 4:33

우리가 종종 간과해온 이 구절은 후하게 베푸는 것과 복음의 확산 사이의 연관관계를 보여주는 것 같다. 당신이 다른 사람의 물질적 필요를 채워주기 위해 집과 토지를 팔 때 세상에 속한 사람들이 당신의 그러한 행위를 주목하게 되지 않겠는가?

당신이 어느 날 갑자기 당신 집 마당에 "집 팝니다!"라는 푯말을 세울 때, 당신 이웃들은 이렇게 질문할 것이다.

"타지로 전근을 가게 되었나요?"

"돈 때문에 집을 담보로 잡혔다가 잃게 되었나요?"

"혹시 이혼을 하였나요?"

"우리가 마음에 들지 않나요?"

그러면 당신은 매우 겸손한 태도로 답할 수 있을 것이다.

"아니에요. 집을 팔아서 그 돈으로 다른 사람의 필요를 채워주려고 합니다!"

당연히 예상할 수 있는 바, 이웃들은 계속 질문할 것이다.

"왜요?"

그러면 당신은 그 이유를 설명해줄 수 있다.

"제가 후하게 받았기 때문에 저 또한 후하게 베푸는 것이지요!"

그러면 이웃들은 다시 질문할 것이다.

"누가 당신에게 후하게 베풀어주었나요?"

더 말하지 않겠다. 그 대화의 초점이 얼마나 빨리 예수님께 귀착될지 잘 알고 있을 것이기 때문이다. 특히 이렇게 후하게 베푸는 일이 단발적인 사건이 아니라 그리스도를 중심으로 하는 '교회'라는 공동체 안에서 쉽게 목격할 수 있는 행동 양식이 될 때 그 대화의 초점은 생각보다 빨리 예수님께 도달한다.

라디오 뉴스 해설자 폴 하비Paul Harvey를 아는지 모르겠다. 그는 지금 세상을 떠났지만 나는 그의 열렬한 팬이었다. 그는 "자, 그래서 이야기의 결론은 무엇이냐 하면…"이라는 특유의 어투로 유명했다. 위에서 나는 우리 교회 교인들에게 자동차 기증을 부탁하여 네 대를 받았던 이야기를 했다. 폴 하비의 표현을 빌려 말해보겠다.

"자, 그래서 그 이야기의 결론이 무엇이냐 하면, 그중 한 대는 줄리아(실명은 아니다)에게 돌아갔다."

그녀는 남편 없이 홀몸으로 전기도 들어오지 않는 트레일러에 살면서 세 아이들과 함께 근근이 연명하며 살고 있었고 설상가상으로 악성 암에 걸려 투병 중이었다.

참으로 부끄럽고 슬픈 일이지만 기증받은 자동차들이 내게 격발시킨 흥분 상태는 다른 급박한 사역들을 정신없이 감당하던 와중에 나도 모르게 금세 사그라지고 말았다. 나는 그 일을 까맣게 잊었고 그렇게 6주가 지났다. 그러던 어느 날 전화가 왔다.

"목사님, 다음 주 월요일 저녁에 교회에서 세례를 받고 싶은데 가능할까요?"

"물론입니다. 그런데 누구시죠?"

줄리아였다.

그 다음 주 월요일 저녁, 세례를 준비하면서 그녀와 함께 강단 뒤에 서 있던 때를 결코 잊지 못할 것이다. 그녀의 삶의 이야기를 사람들에게 전해 들어 조금 알고 있었지만 그녀에게서 직접 듣고 싶었다.

그녀는 쥐꼬리만 한 월급으로 근근이 살면서 지속적으로 재발하는 암과 싸우고, 화학요법으로 인한 토악질을 견디면서 세 자녀를 키우는 어려움에 대하여 말했다. 또한 그녀는 교회에서 기증한 자동차를 받기 바로 전날, 화학치료를 받은 뒤에 시내버스를 타고 집으로 돌아오던 중, 부작용으로 인해 몸이 너무 아프고 계속 치미는 토악질을 참을 수 없어 정류장도 아닌 곳에서 임의로 내려야 했다고 했다.

그녀의 삶을 예수님께 바치기로 결단하게 된 이유를 묻자 그녀는 조금도 머뭇거리지 않고 대답했다.

"하나님께서 제 편에 계시다는 것을 깨달았어요!"

누군가가 홀몸으로 자녀를 부양하는 한 여성에게 자동차를 기증하자, 그 여성은 하나님께서 자신의 편에 계시다는 것을 깨달았다. 그것이 그 이야기의 결론이다. 현재로서는 그렇다. 재갈을 물리지 않고 후하게 베푸는 이야기가 지금도 여전히 기록되는 중이고 날마다 새로운 장들이 펼쳐지고 있다.

성령께 바쳐진 삶을 살아가고 있는 숱한 성인 어른들과 어린이들이 그런 저술 작업을 하고 있다. 그들은 생김새와 몸집, 피부색이 모두 다르다. 각각 도시와 근교와 시골에 살고 있다. 출신지도 아시아, 유럽, 아프리카, 아메리카 등 천차만별이다. 현장직도 있고 사무직도 있다. 전임 사역자들도 있고, 평신도 지도자들도 있으며, 묵묵히 일하는 무명의 일꾼들도 있다. 그들 모두가 무슨 일을 하는 사람이든 혹은 어디 출신이든 상관없이 동일한 이야기를 쓰는 중이다. 당신은 그들 가운데 한 명인가? 아니라면 지금 당장 펜을 들고 당신 자신을 점검해보라!

1. 하나님과 이웃을 향한 당신 자신의 후함을 정직하게 평가해보라. '재갈을 물린 후함'과 '재갈을 물리지 않은 후함' 둘 가운데 당신에게 어울리는 표현은 무엇인가?

2. 후하게 바치고 베풀기가 어렵게 느껴진다면 그런 느낌이 드는 진짜 이유는 무엇이라고 생각하는가?

3. 재갈을 물리지 않고 후하게 베푸는 삶을 살기 위한 실제적인 방법들을 자유롭게 논의해보라. 어떤 사람들은 금전적 여유에 대해 말하겠지만 가장 중요한 기회들은 시간과 에너지와 마음과 연관되어 있다. 그런 방법들을 목록으로 작성하라. 그리고 그것들을 서로 엮어 당신 삶의 일부분으로 만들어라.
어떻게 시작해야 좋을지 막막하다면 다음과 같은 방법들을 참고하기 바란다.

❖ 여분의 방을 갖고 있다면 혹시 머물 곳이 필요한 사람이 있는지 주변 사람들에게 물어라.

❖ 여분의 자동차를 갖고 있다면 당신보다 그 차를 더 필요로 하는 사람이 있는지 주변 사람들에게 묻고 그런 사람이 있으면 기증하라.

❖ 끼니 문제로 힘들어하는 가족을 알고 있으면 일주일에 하루 정도 초대하여 함께 식사하라.

❖ 혼자 사는 미망인이 주변에 있으면 의도적으로 관심을 기울여 마음과 물질을 쏟고 당신의 가족이 그녀의 가족이 되어주어라.

❖ 다음번 생일에 축의금을 받거든 이웃이나 직장 동료나 혹은 낯선 사람의 물질적 필요를 채워주어라.

4. 우리는 AD 1세기와 전혀 다른 문화 속에서 살고 있다. 그렇다면, 당시의 그리스도인들이 보였던 것과 유사한 형태의 재갈을 물리지 않은 후한 삶을 살기 위해서는 어떻게 해야 하는가? 당신이 섬기고 있는 교회가 무엇을 어떻게 해야 모든 사람들의 필요를 충족시켜줄 수 있을지 서로 토의해 보라.

자비롭고 거룩하신 아버지시여!
제 삶에 믿을 수 없을 만큼 귀하고 많은 선물을
부어주신 것을 감사드립니다.
제가 인색할 때가 종종 있었으니 용서해주소서!
재갈을 물리지 않은 후한 삶의 방식을
발전시켜 나갈 수 있게 도와주소서!
아버지께 후하게 바치고
이웃들에게 후하게 베풀게 하시며
지속적으로 아버지의 이름을 영화롭게 할 수 있는
기회들을 만들어주소서!
예수님의 이름으로 기도드립니다. 아멘.

07

CHAPTER

대담한 용기

예수님을 위해 죽는 것보다 더 큰 용기

소년이 두 번이나 번지점프를 한 이유

내가 열여섯 살 때인가 가장 친한 친구와 함께 놀이공원에 갔다가, 높이 솟은 번지점프대에 완전히 매료된 적이 있다. 번지점프가 최신 놀이로 각광을 받기 시작하던 시절이었다. 물어보니 한 번 뛰는 데 75달러라고 했다. 밑지는 장사는 아닌 듯했다. 나의 용기와 대담무쌍함을 온 세상이 다 볼 수 있게 혹은 적어도 점프대 아래서 머뭇거리고 있는 열 명 남짓한 사람들에게 과시하기에 말이다.

나는 하나도 무섭지 않은 것처럼 행동했지만 그것보다 더 위선적인 모습도 없었을 것이다. 사실 나는 무서운 것이 많았다. 마치 여자애들처럼 나도 뱀을 무서워했다. 어두컴컴한 것도 무서웠다. 믿지 못하겠지만 고양이도 무서웠고, 평범한 체격을 가진 사람이 못마땅한 얼굴로 나를 쳐다보기만 해도 오금이 저렸다.

당시 나는 열여섯 살이었지만 몸집은 열 살 정도밖에 되어 보이지 않을 정도로 작았다. 나는 겁쟁이 중학생에 지나지 않았지만 겉으로는 전혀 그렇지 않은 것처럼 행동했다. 번지점프대를 보았을 때도 그랬다. 나는 두 번 생각하지도 않고 비용을 지불한 후, 필요한 장비를 착용하기 시작했다. 그리고 점프대로 올라가면서 실행 가능한 모든 점프 자세에 대해 생각했다.

'뒤로 서서 뛸까? 양팔을 옆으로 벌리고 머리부터 떨어질까? 1단 공중제비를 돌면서 떨어지면 어떨까? 아니면 2단 공중제비를 돌아볼까?'

이런저런 낙하 자세를 고려하면서 발판 위에 올라섰다. 아무렇지도 않게 곧장 발판 끝으로 걸어갔다. 그러나 그 순간, 한 인간이 세상에서 범할 수 있는 모든 실수들 가운데 가장 큰 실수를 저질렀음을 깨달았다. 아래를 내려다보았다. 까마득한 아래로 사람들이 개미처럼 보였다. 동시에 갑자기 머릿속이 하얗게 변하면서 점프 자세는 온데간데없고 오로지 퇴각 전략에 대해서만 생각했다. 그러나 마땅한 핑곗거리가 없었다. 점프대 직원이, 자기가 셋을 셀 테니 뛰어내리라고 했다. 그렇지 않으면 뒤에서 밀어주겠다고 친절하게 설명했다. 그는 곧장 카운트를 시작했다.

"하나, 둘, 셋!"

'셋!' 소리에 나는 '한 마리 날랜 새처럼 우아하게 공중을 날았다'라고 말하고 싶지만 실제로는 도움을 받았다. 점프대 직원이 내 등을 밀어줬던 것이다.

그렇게 나는 밑으로 떨어졌다. 공중제비 같은 것은 없었다. 굳이 말하자면 나는 연필처럼 곧게 서서 떨어지는 자세를 선택했다. 실제로는 단 1초밖에 되지 않았으나 영원처럼 길게 느껴진 자유낙하가 끝났을 때, 그 경험을 즐기고 있는 나를 불현듯 발견하게 되었다. 나는 일부러 큰소리로 괴성을 질러대기 시작했다. '이건 그저 애들 장난' 정도일 뿐이라는 것을 세상에 널리 알리기 위한 하나의 시도였다.

마침내 점프대 직원들이 나를 땅에 내리고 장비를 벗겨주었다. 그 후에 내가 한 행동은 분명 두뇌의 산소 부족으로 인한 판단착오였으리라! 왜냐하면 한 번 더 뛰기로 결심했기 때문이다. 한 번 더 뛰는 데 드는 비용은 50달러였다. 거절할 수 없었다.

나는 장비를 다시 착용한 뒤, 첫 번째 경우와 마찬가지로 점프 자세에 대해 생각하면서 점프대 위로 올라갔다. 뒤로 서서 뛰었겠는가? 양팔을 벌리고 머리부터 떨어졌겠는가? 1단 공중제비를 돌았겠는가? 2단 공중제비를 돌았겠는가? 아니면 연필처럼 곧게 서서 떨어졌겠는가? 내가 어떤 자세를 택했을지 당신도 알고 있으리라!

그날 나는 125달러라는 결코 적지 않은 용돈을 쓰고 집으로 돌아왔다. 하지만 가슴은 크게 부풀어 올랐다. 두려움을 모르는 나의 기백을 만천하에 드러냈다고 생각하니 나의 새가슴은 최대의 한도만큼 팽창했다.

사실 어리석은 짓이다. 고무 밧줄을 발목에 묶고 높은 점프대 위에서 떨어지기 위해 125달러를 쓰는 사람이 어디 있겠는가? 그것도 두 번씩이나 말이다. 그 주인공이 여기 있다. 바로 '나'이다.

어떤 사람들은 자신들의 용기를 입증하려 애쓰고 어떤 사람들은 실제로 자신들의 용기를 입증해 보인다.

이상한 범죄 현장

예수님을 처음 따랐던 이들 가운데 두 사람, 베드로와 요한은 담대한 용기를 지니고 있었다. 사도행전 4장은 베드로와 요한이 감옥에 갇혀 하룻밤을 지냈다는 이야기로 시작된다. 당신이 지금 무슨 생각을 하고 있을지 짐작이 된다. 예수님의 제자들은 툭하면 다투는 거친 사내 무리였다.

하지만 이번 경우는 특별했다. 그들 두 사도는 다른 이유가 아니라 바로 말씀을 전했다는 이유로 체포되었다. 그들은 복음을 전하지 않을 수 없었다. 특히 군중들에게 둘러싸였을 때는 더욱더 그랬다. 군중들이 그들을 둘러쌌던 데에는 그럴 만한 이유가 있었다. 이제부터 그 이야기를 자세히 살펴보자.

그날은 다른 평범한 날처럼 시작되었다. 사도행전 3장 1절은 어느 날 "제 구 시 기도시간에 베드로와 요한이 성전에 올라갈새"라고 말한다. 여기서 아홉 시란 오늘의 오후 세 시를 말한다. 아무래도 감옥에 갇히는 것으로 끝나게 될 어떤 날의 시작처럼 들리지 않는다. 일반적인 경우에 그런 이야기들은 "그날은 완전 꼬여버리고 말았지", "우리는 그저 가볍게 마시러 가던 중이었어", "그 녀석이 먼저 시비를 걸어왔다" 같은 어구로 시작되는 게 어울리기 때문이다. 어쨌든 그들은 "기도하러" 성전에 올라가는 길이었다.

"나면서 못 걷게 된 이를 사람들이 메고 오니 이는 성전에 들어가는 사람들에게 구걸하기 위하여 날마다 미문이라는 성전 문에 두는 자라 그가 베드로와 요한이 성전에 들어가려 함을 보고 구걸하거늘 베드로가 요한과 더불어 주목하여 이르되 우리를 보라 하니 그가 그들에게서 무엇을 얻을까 하여 바라보거늘" 행 3:2-5

아무리 생각해도 범상치 않은 일이 일어날 것 같은 분위기는 아니다.

"베드로가 이르되 은과 금은 내게 없거니와 내게 있는 이것을 내게 주노니 나사렛 예수 그리스도의 이름으로 일어나 걸으라 하고" 행 3:6

그러자 그 사람이 일어나 걸었다.

만약 성경의 모든 장면들 가운데 팝콘을 옆에 끼고 가장 좋은 자리에 앉아 지켜보고 싶은 장면을 꼽으라면 나는 이 장면을 단연 열 손가락 안에 꼽을 것이다.

발목을 삐거나 발바닥이 아프거나 엄지발가락 옆의 살갗이 벗겨지기만 해도 제대로 걸을 수가 없다. 하지만 그 거지가 갖고 있던 문제는 그런 종류가 아니었다. 그 사람은 앉은뱅이였다. 처음부터 그런 모양으로 태어났다. 그의 부모는 아장아장 첫걸음을 떼는 아들의 모습을 기억하면서 그리운 옛날을 추억할 수가 없었다. 그가 발걸음을 뗀 적이 아예 없었기 때문이다.

그는 다른 사람들 손에 의해 여기저기로 옮겨졌다. 그가 자기 발로 걸을 수 없었기 때문에 다른 사람들이 그의 생활공간을 정해주었다. 당시에는 사회복지사업이 없었다. 장애인 복지카드가 없었다. 당시에 선천적 장애를 갖고 태어난다는 것은 일평생 구걸을 하면서 살 운명이라는 것을 뜻했다. 그가 그랬다. 그는 매일 하루 종일 구걸을 하며 지냈다. 베드로와 요한을 만나기 전까지 말이다.

구걸하는 그에게 베드로가 말했다.

"나사렛 예수 그리스도의 이름으로 일어나 걸으라!"

그러자 그가 일어나 걸었다. 생전 처음 걸어보는 사람의 모습을 상상할 수 있겠는가? 아마 그는, 아기가 처음 발걸음을 뗄 때처럼 비틀거렸을 것이고 균형을 잡느라 어지간히 고생을 했을 것이다. 하루 종일 무릎으로 땅을 짚고 다닌 탓에 이미 더덕더덕 딱지가 눌러앉은 데를 제외하면 그의 무릎은 성한 데가 없었을 것이다. 그런데 갑자기 앉은뱅이였던 그가 걷기 시작했다. 제자리에서 폴짝폴짝 뛰고 이리저리 뛰어다니기 시작했다.

모든 사람이 그에게 주의를 집중했다. 당신이라도 그렇게 하지 않았겠는가? 군중들은 그 사람이 달이면 달마다, 날이면 날마다 성전 문 앞에 앉아 구걸하던 그 사람임을 알아보았다.

"나은 사람이 베드로와 요한을 붙잡으니 모든 백성이 크게 놀라며 달려 나아가 솔로몬의 행각이라 불리우는 행각에 모이거늘"행 3:11.

사람들이 베드로와 요한을 둘러쌌다. 몇 사람이 아니었다. 주위에 있던 모든 사람이 베드로와 요한을 둘러쌌다. 베드로와 요한은 사람들에게 둘러싸였을 때 무엇을 해야 하는지 잘 알고 있었다. 그들은 복음을 전했고 바로 그때 문제가 시작되었다.

문제의 메시지

만일 베드로와 요한이, 오늘날 스포츠와 연예계의 대중 스타를 방불케 하는 몇몇 설교자들이 대형체육관을 가득 채우고 있는 사람들에게 배불리 먹이는 바, 예수님에 관한 솜털 같은 포근하고 따사로운 메시지를 전했다면 분명 체포되지 않고 안전을 확보할 수 있었을 것이다.

그러나 십자가에서 살해당한 예수님에 관한 메시지는 솜털처럼 보송보송한 메시지가 아니다. 특히 당신이 메시지를 듣는 자들을 살인자로 지목할 때는 더욱더 그렇다. 베드로가 정확히 바로 그렇게 했다. 당시 베드로가 전했던 설교를 한 마디로 요약하면 다음과 같다.

"당신들이 예수님을 살해하였소! 회개하시오!"

이러한 설교는 오늘날에도 어떤 목회자가 주일 아침 강단에서 목청껏 전한 뒤, 예배당 문간에 서서 환한 미소와 악수로 집으로 돌아가는 교인들을 배웅할 수 있는 그런 종류가 되지 못한다. 하물며 AD 1세기에 그러한 설교를 하는 것, 그것도 유대 종교 지도자들에게 하는 것은 곧 현장에서 체포당하는 것을 뜻했다.

자, 이제 처음 이야기를 시작했던 시점으로 돌아가보자. 베드로와 요한은 그렇게 감옥에 갇혀 하룻밤을 보냈다.

다음 날 아침, 그들은 심문을 받기 위해 유대사회 최고의 종교의결기관인 산헤드린 공회 앞에 끌려나왔다. 어쩌면 당신은 춥고 습한 감방에서의 하룻밤이, 그 어떤 사람이라도 자신의 안위와 자유를 보전하기 위해 앞으로는 입조심을 해야 한다는 가르침을 주기에 충분하리라 생각할지 모른다. 혹은 그들 두 사도가 족쇄에 묶인 채로 감옥에서 하룻밤을 보낸 뒤, 그 전날에 있었던 일들을 순전히 자신들의 오해에서 비롯된 불상사라고 하면서 어떻게든 사태를 얼버무리고 빠져나가는 것이 최선책임을 깨달았을 것이라 생각할지 모른다. 혹은 두 사도가, 오늘의 프로운동선수들과 연예인들과 정치인들이 경솔한 언행으로 물의를 빚었을 때 가장 즐겨 사용하는 어구를 표방하여 "그건 전후 맥락을 무시한 얼토당토않은 확대해석이에요!"라고 둘러댈 수도 있었을 것이라 생각할지 모른다.

만약에 베드로와 요한이 그런 접근법을 택했다면 그들이 연루되었던 이 중대한 사건이 조용하고 신속하게 종결되었을 것이다. 하지만 베드로와 요한은 그런 접근법을 택하지 않았다.

사도행전 4장 7절은 유대 종교 지도자들이 그 두 사도들을 가운데 세워놓고 "너희가 무슨 권세와 누구의 이름으로 이 일을 행하였느냐"라고 질문했다고 말한다. 이에 베드로가 성령으로 충만하여, 그 전날 군중들에게 전했던 것과 동일한 메시지를 유대 종교 지도자들에게 전한다. 베드로의 설교에는 근사한 서론도 없고, 깔끔하게 정리된 개요도 없다. 명백한 메시지 하나만 있을 뿐이다.

"당신들이 예수님을 살해하였소! 그러나 하나님께서 그분을 죽은 자들 가운데서 일으키셨소!"

유대 종교 지도자들 앞에서 이렇게 말한 게 뭐 그리 대단한 일이었느냐고 생각하는가? 그렇다면 꼭 명심해야 할 사실이 있다. 오늘날 21세기 대도시 거리 한가운데서 예수님에 관한 그러한 담대한 메시지를 전하는 것과 AD 1세기에 산헤드린 공회 앞에서 그런 메시지를 전하는 것은 전혀 다른 차원의 문제라는 것을 말이다!

오늘날 대도시의 시민들은 그런 메시지를 전하는 사람들을 성가시게 여길지는 몰라도 때리고 감옥에 가두며 고문하는 권리를 갖고 있지 않다. 하지만 당시의 산헤드린 공회는 그러고도 남을 권세를 갖고 있었다. 베드로와 요한이 예수님을 전하고 복음을 전하는 것을 심심풀이 소일거리로 여긴 게 아니었다. 그들은 말 그대로 목숨을 걸고 복음을 전했다. 산헤드린 공회는 그들 두 사람을 엄중하게 처벌하기를 몹시도 원했지만, 다행스럽게도 어떤 식으로 처벌해야 할지 결정하지 못했고, 결국 몇 마디 말로 겁을 준 뒤에 풀어주었다.

사실 산헤드린 공회는 그들 두 사람을 처벌할 경우에 백성들이 강력히 반발할까 봐 몹시 우려했다. 백성들 모두가 그 두 사도가 일으킨 이적으로 인해 하나님을 찬미하고 있었기 때문이다.

어떤 사람들은 용기를 지니고 있는 것처럼 행동한다. 그리고 어떤 사람들은 실제로 용기 있게 행동한다.

이 사건과 관계된 단락 전체에서 가장 주목할 문장 하나를 고르라면 나는 베드로가 설교를 마친 직후에 나오는 문장을 선택하고 싶다.

"그들이 베드로와 요한이 담대하게 말함을 보고 그들을 본래 학문 없는 범인으로 알았다가 이상히 여기며 또 전에 예수와 함께 있던 줄도 알고"행 4:13.

여기에서 궁금증이 생긴다. 유대 종교 지도자들은 베드로와 요한의 무엇을 보고 그들이 예수님과 함께 있었던 사람들이라는 것을 알게 되었을까? 두 사람의 성경 지식일까? 화려한 웅변술일까? 특이한 외모 때문에 알아보았을까? 그렇지 않다. 담대하게 말하는 그들의 용기를 보고 안 것이다. 놀랍게 들리겠지만, 당시 베드로와 요한을 심문하는 자리에 있던 유대 종교 지도자들 몇이 예수님을 심문하는 현장에도 있었으리라는 점을 기억하면 그렇게 놀랄 일도 아니다. 그들은 베드로와 요한을 심문하기 몇 주일 전에 예수님을 심문했다.

만약에 대중들의 압력에 굴복하고픈 유혹이나 전에 자신이 했던 주장을 적절히 해명하고픈 유혹을 가장 심하게 받은 사람이 있다면 그 사람은 분명 예수님일 것이다. 예수님은 장차 자신에게 닥칠 일들을 알고 계셨다. 자신이 베드로와 요한처럼 그냥 경고만 받고 풀려나지는 않고, 마지막에 십자가에 달려 죽게 되리라는 것을 잘 알고 계셨다. 그러므로 예수님은 유대 종교 지도자들이 "네가 유대인의 왕이냐?"라고 물었을 때, 그렇게 주장했던 자신의 입장을 철회할 수도 있었고 그런 말을 한 적이 없다고 발뺌할 수도 있었다.

하지만 예수님은 죽음이 가까이 다가와 자신의 얼굴을 빤히 쳐다보고 있는 그런 상황에서 단순하게 대답하셨다.

"네 말이 옳도다" 마 27:11.

유대 종교 지도자들은 예수님을 채찍으로 때리고 조롱하며 십자가에 못 박았을 때, 한 인간으로서의 예수님의 존엄성을 부정할 수 있었다. 예수님을 가리켜 "저 사람은 평소에 자기가 주장했던 '유대인의 왕'이 아니다!"라고 할 수도 있었다. 그러나 그들이 부정하지 못한 것이 하나 있었다. 바로 예수님의 용기였다.

그러므로 베드로와 요한이 가혹한 처벌을 눈앞에 두고도 자신들이 진리로 알고 있는 것을 철회하거나 그것으로부터 꽁무니를 빼지 않았을 때, 즉 자신들의 용기를 분명하게 드러냈을 때, 그들 두 사람이 예수님과 함께 있었던 이들임을 유대 종교 지도자들이 알아본 것은 그리 놀랄 일이 아니다.

'예수님을 따랐던 사람들이 보였던 용기'는 단발적인 현상이 아니었다. 그것은 예수님을 따르는 사람들의 여일한 삶의 방식이었다. 역사가

들은 최초에 예수님을 따랐던 열두 제자들 가운데 최소한 열 명이 예수님과 그분의 복음을 헌신적으로 전파한 결과, 죽임을 당했다고 말한다.

안드레는 십자가에 못 박혀 죽었다.

바돌로매도 십자가에 못 박혀 죽었다.

알패오의 아들 야고보는 돌에 맞아 죽었다.

세베대의 아들 야고보는 칼에 맞아 죽었다.

베드로는 십자가에 못 박혀 죽었다.

빌립도 십자가에 못 박혀 죽었다.

도마는 창에 찔려 죽었다.

유다가롯 유다가 아님는 십자가에 못 박혀 죽었다.

마태는 창에 찔려 죽었다.

시몬은 십자가에 못 박혀 죽었다.

예수님을 위해 사는 데 필요한 용기

이런 본보기들을 고려할 때, 예수님을 위해 죽는 것이 마치 용기인 것처럼 보인다. 하지만 꼭 그런 것만은 아니다. 예수님을 위해 죽는 데 요구되는 용기와 똑같은 용기를 요하는 것이 하나 있다. 그것이 무엇인가? 바로 예수님을 위해 사는 것이다.

'날마다, 좋을 때나 나쁠 때나, 아플 때나 건강할 때나, 가난할 때나 부유할 때나' 늘 예수님을 위해 사는 것이다.

예수님을 위해 살아감으로써 좋은 평판을 얻을 때나 그렇지 않을 때나, 이득을 얻을 때나 손해를 볼 때나 변함없이 예수님을 위해 살아가는 것이다!

날마다 예수님을 위해 살아가려면 용기가 필요하다. 그것도 아주 담대한 용기가 필요하다. 믿지 않는 남편과 결혼한 부인에게 물어보라. 남편은 계속 그녀의 믿음을 조롱한다. 그러나 그녀는 예수님을 믿는 믿음의 표현으로써 계속 남편을 사랑하고 존중한다. 그녀는 남편의 마음이 유연해지도록 몇 해 동안 열심히 기도한다. 그러나 남편이 변화될 기미가 전혀 보이지 않는다. 오히려 남편의 마음이 더 완악해지는 것처럼 보인다. 그런 상황에서 예수님을 위해 살아가는 데 얼마나 많은 용기가 필요한지 그녀에게 물어보라!

사람들의 발길이 닿지 않는 오지에서 사역하는 선교사에게 물어보라. 그는 일찍이 예수님을 모르는 원주민들을 위해 자신의 삶을 헌신하기로 결단한다. 처음에는 대단히 설레고 가슴이 벅차오른다. 그러나 20년이 지나도 회개하는 사람이 한 명도 없다. 그는 포기하고픈 유혹을 받는다. 그러나 이제 곧 빛이 어둠을 뚫고 지나가리라 확신하여 더욱 박차를 가한다. 그런 상황에서 예수님을 위해 살아가는 데 얼마나 많은 용기가 필요한지 그 선교사에게 물어보라!

말기 암 진단을 받은 중년의 그리스도인 남성에게 물어보라. 몇 개월 전만 해도 그는 하루에 10킬로미터씩 뛰면서 운동을 했다. 그런데 이제

자신의 운동화 끈을 맬 기력조차 없다. 전에는 가족들이 모든 것을 그에게 의존했는데 이제는 그가 모든 것을 가족들에게 의존한다. 심지어 화장실에 갈 때도 남의 도움이 필요하다. 그런 상황에서 예수님을 위해 살아가는 데 얼마나 많은 용기가 필요한지 그 남자에게 물어보라!

날마다 예수님을 위해 살아가는 데 얼마나 많은 용기가 필요한지 다른 사람에게 물어볼 필요가 없다. 당신이 진정으로 예수님을 따르고 있는 사람이라면 이미 알고 있을 것이기 때문이다. 우리들 대부분은 예수님을 위해 죽으라는 요구를 받지 않는다. 그러나 우리 모두는 예수님을 위해 살라는 부름을 받았다. 그것도 '날마다' 말이다!

그렇게 하는 데는 용기가 필요하다. 당신 삶에서는 그 용기가 어떤 양상을 띠는가? 당신의 용기를 정직하게 평가하려면 다음과 같은 질문들에 대답해보는 것이 유익할 것이다.

- 당신이 대학생인 경우, 하나님이 실재하지 않는다고 계속 독단적으로 주장하는 교수에게 어떻게 반응하는가? 아니 작은 반응이라도 보이려는 마음이 있는가?
- 당신이 불치병을 앓고 있는 경우, 당신의 건강 상태를 어떤 마음으로 바라보고 있는가?
- 갑자기 일자리를 잃게 된 경우, 전혀 예상하지 못했던 달갑지 않은 자신의 상태에 대해 어떻게 반응하고 있는가?
- 혼자 있는 곳에서 은밀한 유혹을 받을 때, 어떻게 반응하는가?

❖ 환경이 당신에게 폭력을 가하고, 내팽개치며, 지치게 할 때 어떻게 하는가?

이러한 상황들은 우리가 용기를 지니고 있는지의 여부를 폭로한다.

사도행전 3장과 4장을 읽으면서 엄중한 처벌을 받고 심지어 죽음에 직면하게 되더라도 베드로와 요한처럼 반응할 것이라고 즉각 결론을 내리는 것은 하나도 어렵지 않다. 누구나 그렇게 다짐할 수 있고 단언할 수 있다. 그런데 과연 우리는 실제로 그렇게 반응하며 사는가? 우리의 용기를 가늠하는 시금석은 일상의 환경에서 날마다 직면하는 상황들에 어떻게 반응하고 있느냐 하는 것이지, 절대 일어날 것 같지 않은 가정의 상황에 이론적으로 어떻게 반응하느냐 하는 것이 아니다.

고린도전서 16장 13절은 "깨어 믿음에 굳게 서서 남자답게 강건하라"라고 말한다. 어떤 사람들은 용기를 지니고 있는 척 행동하고 다른 사람들은 실제로 용기 있게 행동한다. 예수님을 진정으로 따르는 사람들은 억지로 용기 있는 것처럼 행동할 필요가 없다.

1. 당신의 용기를 증명하기 위해 어리석은 행동을 한 경험이 있다면 소그룹 구성원들에게 이야기해보라(그들이 대놓고 놀리지는 않을 것이니 걱정하지 말고 용기를 내라).

2. 용기는 우리가 예수님을 따르는 사람들로서 지녀야 할 첫 번째 특질은 아니지만 필요한 특질 가운데 하나이다. 엄청난 용기를 요하는 상황들 특히 그리스도인들에게 용기가 필요한 상황들에 대해 생각해보라.

3. 당신은 지금까지 특정한 환경을 마주하였을 때 용기 있게 반응하는 편이었는가? 그렇지 않았다면 이유가 무엇인가?

자비롭고 거룩하신 아버지시여!

우리의 삶에는 엄청난 용기를 요하는 상황들이 많습니다.

그런 용기가 제게 필요할 때 허락해주소서!

아버지의 성령이 제 용기의 근원이오니

저 자신을 의지하면 안 된다는 것을 계속 상기시켜주소서!

자신의 뜻대로 살면 서야 할 때 넘어질 수밖에 없다는 것을

상기시켜주소서!

어려운 환경 속에서 용기를 드러내게 하소서!

그리하여 하나님께서 제 안에서 역사하고 계시다는 것을

사람들이 분명히 알아볼 수 있게 하소서!

예수님의 이름으로 기도드립니다. 아멘.

08

CHAPTER

반항적인 기쁨

세상이 이해할 수 없는 기쁨

그 여름에 만난 소년

나는 미주리 주의 조플린에 위치한 '오자크기독대학교'Ozark Christian College를 몇 해 동안 다녔다. 아니, 여러 해를 다녔다. 4년의 학사 과정을 초강도로 늘어트려 7년 만에 끝마쳤다고 하면 이해하기 쉬울 것이다. 나는 그야말로 간신히 대학을 졸업했다.

어쨌든 나는 대학교 2학년 여름방학 때 '오자크 캠프 팀'Ozark Camp Team에서 봉사했다. 캠프 팀은 보통 남학생 두 명과 여학생 두 명으로 구성되었는데 중학생들과 고등학생들의 하계 야영지를 번갈아 찾아다니고 봉사하면서 방학을그러니까 여름 전체를 보내는 것이 주요 임무였다.

그 일은 생각만큼 그렇게 나쁘지는 않다. 땀내를 풀풀 풍기고, 옷도

갈아입지 않으며, 어떤 때는 이도 닦지 않는 친구들과 두 달 보름가량을 함께 보내는 것쯤은 식은 죽 먹기다!

그해 여름은 무던히도 길었다. 우리가 마지막 야영지에 도착했을 때 나는 심신이 지쳐 배터리가 방전된 상태였다. 얼른 집으로 돌아가 늘어지게 잠을 잔 뒤, 인간이 먹을 수 있는 음식을 다시 먹게 되기를 갈망했다. 그만큼 마지막 한 주는 정말 싫었다. 하지만 그 한 주가 내 인생을 바꾸어놓을 줄은 상상도 못했다!

사실 내 인생을 바꾸어놓은 것은 그 한 주 동안 만난 어떤 사람이었다. 그의 이름은 블레이크였다. 캠프 첫날, 나는 점심을 먹기 위해 야영지의 식당에 앉아 있었다. 그때 문이 열리면서 그가 들어왔다. 블레이크의 어머니가 그가 탄 휠체어를 밀고 들어오더니 비어 있는 자리 하나를 찾았다. 바로 내 옆자리였다.

나는 가벼운 농담으로 인사를 건넸다. 그러나 블레이크는 묵묵부답이었다. 그는 대답을 할 수가 없었다. 그는 말을 하지 못했다. 그가 입으로 내는 미세한 소리는 그의 어머니만 빼고 그 누구도 이해할 수가 없었다. 그는 신체적, 정신적으로 중증 장애를 갖고 있어 자신의 머리를 잘 움직이지 못하고 팔과 다리의 움직임을 제어하지 못했다. 하지만 그의 몸은 아플지 몰라도 영혼만큼은 아주 건강하다는 것을 곧 알아차릴 수 있었다.

그와의 의사소통은 어려웠지만 그 한 주 동안 의미 있는 관계를 형성할 수 있었다. 그와 나는 공통점이 많았다. 특히 두 가지 면에서 열정을 공유하고 있었다. 바로 '예수님'과 '초코우유'였다.

블레이크는 식사 시간마다 초코우유를 몇 팩씩 마시면서 환호성을 질렀다. 그의 어머니가 초코우유를 그의 입에 부어주었고, 대부분은 입가로 흘러내려 그의 셔츠와 바지를 적시곤 했지만 그런 것은 문제가 되지 않았다. 블레이크는 초코우유 한 모금, 한 모금을 기뻐했다.

한 주 동안 그의 어머니를 통해 블레이크의 희망과 꿈을 비롯한 삶의 이야기를 들을 수 있었다. 블레이크 또래의 남자 아이들 대부분은 성공과 부富와 여자친구를 꿈꾼다. 반면, 블레이크의 꿈은 교회 버스를 타보는 것이었다. 교회에서 수련회를 갈 때면 모든 아이들이 버스에 올라타 저마다 좋은 자리를 잡았지만 블레이크는 그럴 수가 없었다. 그는 매년 어머니 자동차를 타고 교회 버스를 뒤따라 수련회에 가야 했다.

캠프 마지막 날을 절대 잊지 못할 것이다. 우리들 가운데 몇 명이 사전에 그의 어머니의 허락을 받고 그의 휠체어를 둘러쌌다. 그리고 조심스레 블레이크를 안아 교회 버스 맨 앞자리에 앉혔다. 우리가 그렇게 하는 동안, 블레이크는 억제할 수 없는 듯 환한 미소를 지으면서 귀를 먹먹하게 할 정도로 크게 환호성을 질러댔다.

나는 지금도 가끔 그가 부딪혔을 한계에 대한 상념에 빠진다. 어쩌면 그는 영영 데이트를 못 할 수도 있다. 동네 수영장에서 수영을 하거나 자동차를 운전하거나 자기 손으로 직접 밥을 먹거나 혼자 샤워를 하거나 결혼을 하거나 자녀를 갖는 등 지극히 평범한 일들을 영영 누리지 못할 수도 있다. 어떤 사람들은 이러한 블레이크의 삶이 공허함 그 자체라고 말할지도 모른다.

그러나 내가 목격한 바, 그의 삶은 기쁨으로 가득 차 있었다. 삶의 환경에 제약이나 영향을 받지 않는 기쁨으로 가득 차 있었다. 블레이크의 삶은 하나의 '반항적인 기쁨'이었다. 진정한 기쁨은 언제나 반항적이다.

행복과 기쁨의 차이

내가 '반항적인'이라는 단어를 말할 때 당신 마음에 무엇이 떠오르는 가? 죄수, 사춘기 청소년, 혹은 '미운 네 살'이라 불리는 당신의 귀여운 조카가 생각나는가? 그럴 수도 있다. 우리는 보통 '반항적인'이라는 단어에 부정적인 조명을 비춘다. 하지만 '관리받기를 거부한다'는 의미의 그 단어가 반드시 부정적인 것만은 아니다. 또한 '반항적인'이라는 단어는 기쁨을 수식하는 단어가 아니다. 주된 이유는 우리가 기쁨이 무엇인지 오해하고 있기 때문이다.

거의 보편적인 현상이지만 우리는 행복과 기쁨을 혼동하기 쉽다. 물론 행복과 기쁨이 중첩되는 경우도 있지만 언제나 그런 것은 아니다. 성령의 열매들에 대해 기술하고 있는 갈라디아서 5장에 기쁨은 있지만(한글 개역개정에는 '희락'이라 번역되어 있음. −역자 주) 행복은 없다는 점은 매우 흥미롭다.

행복이란 얻을 수는 있지만 지속되지는 않는 것이다. 행복이라는 것이 환경에 따라 좌지우지되기 때문이다. 주택시장이 활성화되고, 실업률이 낮아지며, 두둑한 보너스를 받고, 눈치 보지 않고 정해진 휴가를 가며, 새 자동차를 구입하고, 우수 영업사원으로 선발되어 상을 받을 때, 당신 삶의 행복지수는 하늘까지 치솟는다. 그러나 몽글몽글 솟았던 경제 거품이 한순간에 푹 꺼지고, 해고 통지서가 날아오며, 주행거리가 20만 킬로미터나 되는 당신의 낡은 자동차 계기판의 엔진 점검 표시등에 불이 들어올 때가 있다. 게다가 아무도 당신에게 집중하지 않고 당신이 하는 일에 관심을 갖지 않을 때, 삶의 행복은 사라져버린다.

반면 기쁨은 인간의 환경에 따라 좌지우지되지 않을 뿐 아니라 종종 인간의 환경에 반항한다. 기쁨은 행복이 절대 모습을 드러내려 하지 않는 곳에서 그 모습을 드러낸다. 예를 들면, 감옥 같은 곳에서 본연의 모습을 드러낸다.

죄수들이 들은 찬양

사도행전 16장에는 감옥에 갇힌 바울의 이야기가 나온다. 그가 감옥에 갇힌 것은 이번이 처음은 아니었다. 이번에도 그는 다른 때와 마찬가지로 그리스도의 복음을 전했다는 이유로 투옥되었다. 감옥에 갇힌다는 것은 당사자에게는 매우 불명예스러운 일이다.

대학 시절 나는 감옥에서 약간의 시간을 보낸 적이 있다. 물론 복역이 아니라 봉사를 위해서였다. 미주리의 주립교도소는 꽤 괜찮은, 아니 내가 다니던 대학의 기숙사보다 훨씬 훌륭한 편의 시설을 갖추고 있었다. 교도소에서 몇 개월 혹은 몇 년을 살아가고 있는 사람들의 처지를 가볍게 여기려는 마음은 결코 없다. 다만 분명한 사실은 그곳에 있는 사람들은 각종 체력 단련 기구들, 탁구대, 컴퓨터, 도서관, 케이블 TV 등 AD 1세기의 감옥에는 없던 특권과 편의를 누리고 있었다.

바울이 감옥에 갇혔다고 할 때, 그것은 곧 그가 훌륭한 부대시설을 구비한 현대의 어떤 감화소가 아니라 쇠사슬에 결박된 채로 배고픔과 목마름에 시달리면서 어두컴컴한 독방에서 살았음을 뜻했다. 바울은 오직 예수님을 따르기 위해 자기의 이력과 남부럽지 않은 종교적 지위와 자신이 성취한 것 등 그야말로 자기의 모든 것을 다 버렸다. 그 결과가 바로 감옥에 갇히는 것이었다. 바울은 옥에 갇혔을 뿐 아니라 그 전에 모진 채찍질을 당하였고, 발에는 차꼬가 채워졌으며, 간수들의 특별 감시 대상이었다.

당시 바울이 고개를 푹 숙이고 감방에 앉아 있는 것을 누가 보았다면 기도를 하고 있다기보다 삐죽 입을 내밀고 하나님께 불평을 토로하고 있는 것이라 생각하기 쉬웠을 것이다. 하지만 사도행전에서는 이렇게 말하고 있다.

"한밤중에 바울과 실라가 기도하고 하나님을 찬송하매 죄수들이 듣더라" 행 16:25.

바울은 감옥에서 찬송을 했다. 그는 행복했을까? 분명 아닐 것이다. 그러면 기뻤을까? 분명 그럴 것이다. 기쁨은 이 세상에 속해 있지 않다.

사실 어떤 의미에서 다른 세상에 속해 있다. 외계인이 살고 있음직한 지구 밖의 어떤 공간이라는 의미가 아니라 지금 우리가 살고 있는 이 세상과 다른 세상이라는 의미에서 그렇다. 기쁨은 우리가 만들 수 있는 것이 아니라 하나님께서 우리 안에 만들어주시는 것이다.

기쁨의 열매를 맺으려면

성경에서는 기쁨을 성령의 열매 가운데 하나로 언급하고 있다. 사도 바울은 성령의 열매에 대해 말하는 갈라디아서 5장의 전체 문맥에서, 우리가 그리스도 안에서 발견되는 자유를 육체의 모든 욕망들을 채우면서 사는 데 사용하든지 아니면 우리 안에 사시는 성령께서 바라시는 것들을 이루면서 사는 데 사용하든지 둘 중에 하나라는 점을 분명히 밝히고 있다 갈 5:13-26 참조

우리 내면에서는 매일 매 순간 그런 격렬한 싸움이 벌어진다. 바울은 다음과 같은 말로 그 충돌에 대해 설명한다.

"내가 행하는 것을 내가 알지 못하노니 곧 내가 원하는 것은 행하지 아니하고 도리어 미워하는 것을 행함이라"롬 7:15.

육체와 성령 사이에 벌어지는 싸움은 우리가 이 땅에서 마지막 숨을 내쉴 때까지 지속될 것이다. 그러나 절대 잊지 말아야 할 것이 있으니 우리가 그 싸움과 전혀 무관한 구경꾼들이 아니라는 사실이다. 비록 때로

는 유혹의 힘에 의해 저쪽으로 끌려가고 때로는 성령의 감화에 의해 이쪽으로 당겨지더라도, 어떻게 살 것인지 선택하는 것은 궁극적으로 각자 자신의 몫이다. 내가 기꺼이 성령께 굴복할 때, 즉 나 자신의 모든 것들을 철두철미하게 성령께 굴복시킬 때, 내 안에서 성령의 열매가 자라나기 시작하여 풍성하게 맺힐 것이다.

기쁨은 성령의 열매이다. 우리는 기쁨을 만들어낼 수 없다. 그러나 나 자신을 하나님의 길과 성령의 뜻에 굴복시킴으로써(말처럼 쉽지는 않지만) 기쁨을 선택할 수는 있다. 그것이 기쁨의 열매를 맺기 위한 방법이다. 그리고 삶의 풍성한 열매로 변형되는 이 진리를 단지 알기만 하면 우리 모두가 대도시 한가운데서 기쁨의 상점을 개업할 수 있을 만큼의 충분한 열매를 맺을 것이다.

감옥에서 기뻐할 수 있었던 까닭

감옥에 갇힌 바울의 이야기로 돌아가자. 그는 한밤중에 감옥에서 찬송을 했다. 거기에는 분명 이유가 있었을 것이다. 나는 두 가지 이유가 있다고 생각한다.

바울이 감옥에서 기뻐한 첫 번째 이유는 하나님의 약속이 참되다는 것을 믿기 때문이다. 바울은 고린도후서 12장에서 자신의 육체의 가시를 제거해달라고 하나님께 세 번이나 구했다고 말한다. 성경학자들은 바울이 말한 '육체의 가시'가 뜻하는 것이 무엇인지에 대해 오랫동안 논쟁을 벌여왔다. 어떤 사람들은 약한 시력이라 하였고, 다른 사람들은 언어장애라 하였으며, 또 다른 사람들은 간질을 앓았을 것이라 했다. 그러나 여기서는 그 가시가 무엇이었는지 명확히 규정하는 것에 비중을 두지 않기로 하겠다. 중요한 것은 그가 그 상황을 어떻게 처리하였느냐 하는 것이다.

바울은 기도했다. 반복적으로 기도했다! 그는 육체의 가시를 제거해 달라고 하나님께 세 번 구하였지만 하나님께서는 '노'No라고 말씀하셨다. 물론 하나님께서 '노'라는 단어를 직접적으로 사용하신 것은 아니지만 하나님의 대답은 분명히 '노'였다. 하나님의 실제적인 대답은 다음과 같았다.

"내 은혜가 네게 족하도다 이는 내 능력이 약한 데서 온전하여짐이라"

고후 12:9.

우리 가운데 많은 사람들은 하나님께서 그들 기도에 '노'라고 응답하실 때 그 기도를 응답받지 못한 기도로 분류하는 경향이 있다. '노'라는 응답은 우리가 갈망하던 응답이 아닐 수 있다.

그러나 하나님께서는 가장 신실하게 기도하는 성도들에게 그렇게 응답하시는 경우가 종종 있다. 예수님이 겟세마네 동산에서 고난의 잔을 거두어달라고 아버지께 기도했던 때를 기억하는가? 그때 하나님께서는 '노'라고 대답하셨다. '노'라는 응답을 받았을 때 걱정하지 말라. 예수님도 그런 응답을 받은 적이 있고 우리들보다 훨씬 더 신실한 믿음의 선배

들도 종종 그런 응답을 받았기 때문이다.

바울의 경우에 '노'라는 하나님의 응답은 한 가지 이유를 포함하고 있었다. 바울은 지극히 크고 깊은 영적 계시를 체험한 사람으로서 교만해질 수가 있었다. 그래서 하나님께서 그가 자만하지 않도록 육체의 가시를 주셨고, 그가 그것을 제거해달라고 구하자 이렇게 말씀하신 것이다_{고후 12:7 참조}.

"내 은혜가 네게 충분해. 왜냐하면 내 능력이 너의 약함 가운데서 온전히 드러나기 때문이야!"

바울이 하나님의 능력을 부족함 없이 목격하고 체험하는 데에는 고통과 불편함과 불유쾌함과 육체의 가시가 꼭 필요했다. 공감할 수 있는 이야기이다. 우리 삶에 고통이나 불편함이나 불유쾌함이 없을 때 우리가 정말 하찮고 보잘것없는 자신의 힘을 의지하는 경향이 있기 때문이다.

그리고 여기서 놓치지 말아야 할 중요한 점은 하나님께서 바울에게 주신 응답이 단지 하나의 이유일 뿐 아니라 또한 하나의 약속이라는 점이다. 하나님께서는 '족하다', '온전해진다'라고 말씀하셨지 '족해질 수도 있다', '온전해질 수도 있다'라고 말씀하지 않으셨다.

하나님께서는 사실 하나, 이유 하나, 약속 하나를 갖고 바울에게 응답하셨다. 그리고 바울은 하나님의 능력이 자신의 육체의 가시(그 가시가 무엇이었든지 간에) 가운데서 실제로 온전히 드러나고 있고, 하나님의 은혜가 자신에게 실제로 충분하다는 사실을 잘 알고 있었다.

그래서 바울은 고통과 아픔과 심지어 육체의 가시를 능히 견딜 수 있었고 기꺼이 견디고자 했다.

"그러므로 내가 그리스도를 위하여 약한 것들과 능욕과 궁핍과 박해와 곤고를 기뻐하노니 이는 내가 약한 그때에 강함이라"고후 12:10.

그렇다면 여기서 생각해보아야 할 것이 하나 있다. '하나님의 약속이 참되다는 것을 확신하는가?' 하는 문제다. 바울은 하나님의 약속이 참되다고 확신했다. 당신도 하나님의 약속이 참되다고 확신하는가?

성경 전체는 하나님의 귀한 약속들로 이루어져 있다. 누군가에게 주시는 약속이 아니라 바로 우리에게 주시는 약속이다. 그중 몇 가지를 제시하면 아래와 같다.

"수고하고 무거운 짐 진 자들아 다 내게로 오라 내가 너희를 쉬게 하리라"마 11:28.

"내 아버지 집에 거할 곳이 많도다 그렇지 않으면 너희에게 일렀으리라 내가 너희를 위하여 거처를 예비하러 가노니 가서 너희를 위하여 거처를 예비하면 내가 다시 와서 너희를 내게로 영접하여 나 있는 곳에 너희도 있게 하리라"요 14:2,3.

"내가 세상 끝날까지 너희와 항상 함께 있으리라"마 28:20.

이러한 약속의 말씀들에는 막연한 가능성이나 짐작의 의미가 담겨 있지 않다. 예수님의 확고한 의지가 담겨 있다.

그러나 하나님의 약속을 믿는다고 말하는 것만으로는 충분하지 않다. 그 약속대로 살아야 한다. 바울은 그렇게 살았다. 바울이 고통의 한가운데서 기쁨을 선택한 까닭은 그 고통이 가뿐하게 견딜 만했기 때문이 아니라 하나님의 은혜가 자신에게 정말로 충분하다는 것을 믿었기 때문이다. 바울이 채찍질을 당하고, 옷이 벗겨지며, 죽게 내버려졌을 때도 하나님은 강했다. 바울에게는 그것이 기쁨을 선택할 수 있는 이유였다. 바울의 생애와 서신을 연구할 때 그가 기뻐했던 또 다른 이유를 발견하게 된다.

바울이 감옥에서 기뻐한 두 번째 이유는 자신의 고난이 헛된 것이 아님을 알았기 때문이다. 아무래도 바울은 열렬한 스포츠팬이었던 것 같다. 만일 그가 이 시대에 살았다면 스포츠 전문 채널의 열혈 시청자가 되었을 것이라고 생각한다(그런 점에서 바울은 내 마음에 쏙 드는 유형이다). 아무튼 우리는, 그가 자신의 주변에서 벌어지고 있는 경기 상황들을 빈틈없이 의식하고 있었음을 알 수 있다. 왜냐하면 그가 서신에서 종종 스포츠 이미지를 사용하고 있기 때문이다.

"운동장에서 달음질하는 자들이 다 달릴지라도 오직 상을 받는 사람은 한 사람인 줄을 너희가 알지 못하느냐 너희도 상을 받도록 이와 같이 달음질하라 이기기를 다투는 자마다 모든 일에 절제하나니 그들은 썩을 승리자의 관을 얻고자 하되 우리는 썩지 아니할 것을 얻고자 하노라" 고전 9:24,25.

"형제들아 나는 아직 내가 잡은 줄로 여기지 아니하고 오직 한 일 즉 뒤에 있는 것은 잊어버리고 앞에 있는 것을 잡으려고 푯대를 향하여 그리스도 예수 안에서 하나님이 위에서 부르신 부름의 상을 위하여 달려가노라" 빌 3:13,14.

바울은 "하나님이 위에서 부르신 부름의 상"이 자기 앞에 놓여 있음을 알고 있었다. 먼지를 가득 뒤집어쓴 채 책꽂이의 서류를 고정시키는 용도로 쓰이는 플라스틱 트로피가 아니라, 절대 시들지 않고 사라지지 않으며 꺼지지도 않는 생명의 면류관이 자기를 기다리고 있음을 잘 알고 있었다.

바울은 지금 이곳에서의 삶이 힘겨운 분투임을 잘 알고 있었지만 마음만큼은 장래에 임할 그곳에 관한 생각들로 가득 채웠다. 나는 그 모든 것이 정확히 무엇을 의미하는지 잘 모른다. 장차 올 그 세상에 대해 정확히 아는 사람은 아무도 없을 것이다. 하지만 바울은 고린도후서에서 장차 올 세상을 힐끗 보았다는 사실을 넌지시 암시하고 있다.

"내가 그리스도 안에 있는 한 사람을 아노니 그는 십사 년 전에 셋째 하늘에 이끌려간 자라 (그가 몸 안에 있었는지 몸 밖에 있었는지 나는 모르거니와 하나님은 아시느니라) 내가 이런 사람을 아노니 (그가 몸 안에 있었는지 몸 밖에 있었는지 나는 모르거니와 하나님은 아시느니라) 그가 낙원으로 이끌려가서 말로 표현할 수 없는 말을 들었으니 사람이 가히 이르지 못할 말이로다"고후 12:2-4.

어떤 정보를 다른 사람에게 매우 불완전하게 전해주고 싶은데 그렇게 하기가 쉽지 않았던 때가 있었는가? 정보를 전달하기는 하되 실제로는 전달해주지 않으려고 노력해야 했던 적이 있는가? 바울이 이 구절에서 말하고 있는 게 바로 그런 것이 아닌가 생각된다. 바울은 이 단락의 서두에서 "내가 그리스도 안에 있는 한 사람을 아노니"라고 했다.

바울이 사용한 이 표현에서 '한 사람'이라고 말한 인물이, 바울이 거울

앞에 섰을 때 거울 속에서 바울을 응시하고 있는 바로 그 인물일 가능성이 높다. 물론 그 '한 사람'이 바울이라는 것을 명백하게 증명할 수는 없다. 하지만 만일 그 '한 사람'이 바울이라면 그는 낙원을 조금 체험한 것이 분명하다. 또한 내세에 이루어질 그 온전함에 대한 잠시 잠깐의 체험이 그로 하여금 현세의 불완전함이라는 현실을 '기쁘게' 견딜 수 있게 해 주었다는 것 역시도 확실하다.

현세의 모든 환경에 반항하는 기쁨

성령께서 주시는 기쁨, 바울이 가졌던 기쁨은 현세의 모든 환경에 반항한다. 현세의 그 어떤 환경에도 반항한다. 성령께서 주시는 기쁨은 지금 이곳에서의 악전고투를 견디게 한다. 그리고 장차 그곳에 대한 기대로 부풀어 오르게 한다. 그리스도인들이 성령의 기쁨으로 넘치는 삶을 살아갈 때 주변의 믿지 않는 사람들이 주목하고 귀를 기울인다.

"한밤중에 바울과 실라가 기도하고 하나님을 찬송하매 죄수들이 듣더라" 행 16:25.

우리들은 이런 종류의 기쁨을 갖고 있는가? 현세의 그 어떤 환경에도 반항하는 기쁨을 갖고 있는가? 만일 당신이 나와 다르지 않다면 가끔 그런 기쁨을 갖는다고 대답할 것이다. 그리고 대단히 유감스러운 일이지만 그 말은 곧 우리가 그런 기쁨을 갖고 있지 않다는 사실을 의미한다.

살다보면 기뻐하는 것이 정말 쉬울 때가 있다. 갓 태어난 당신의 아기를 품에 안을 때, 마침내 자격증을 손에 쥘 때, 승진 통보를 받았을 때,

"해냈어!"라는 말이 나올 때, 해변에 누워 휴가를 보낼 때 등이 그러하다. 그러나 인생에는 기뻐하기가 불가능하지는 않더라도 무척이나 어려운 순간들도 그에 못지않게 많다.

갓난아기의 심장이 뛰지 않는다고 의사가 말할 때, 관이 내려지는 묘지 앞에 서 있을 때, 사랑하는 애인과 이별할 때, 해고 통지를 받을 때, 담보권 행사 통지서가 문에 붙을 때, 건강검진 결과가 예상을 빗나갈 때는 기쁨의 찬송을 하기보다 한숨을 쉬며 외마디 비명을 지르기가 더 쉬워진다. 이런 순간들과 이와 유사한 다른 많은 순간들에는 기쁨이 교묘하게 달아난다.

정직하게 말해보자. 우리는 기뻐하기를 원한다. 우리 중 누구도 '기쁨 따위는 필요없어'라고 하는 사람은 없다. 우리의 진짜 문제는 지속 가능한 기쁨을 얻고자 노력하는 방법에 있다. 기쁨뿐만 아니라 성령의 다른 열매도 마찬가지이다. 우리는 우리의 삶에 무엇인가 결여되어 있음을 알아차릴 때 우리 자신의 힘으로 만들어내기 위해 본능적으로 노력한다.

핵심어는 '노력하다'이다. 상당한 노력을 기울였음에도 불구하고 우리가 바라는 열매가 맺히지 않을 경우, 우리가 보이는 자연스러운 반응은 더 열심히 노력하는 것이다. 그렇게 우리는 최선을 다한다. 어떤 의미에서 우리는 더 열심히 노력하기 위해 최선을 다한다.

행위가 아니라 상태에 관계된 것

그러나 우리의 그러한 본능적 반응이 결국 부질없는 헛수고에 지나지 않는다는 사실을 알고 있는가? 우리는 성령의 열매를 맺기 위해 열심히 노력한다. 고결하게 들리고 존경할 만한 태도인 것처럼 보인다. 그러나 그런 노력은 부질없다. 당신 삶과 내 삶의 기쁨이라는 인자는, 열심히 노력한다고 발생하는 일은 결코 일어나지 않는다. 그것은 언제나 성령의 뜻과 길에 굴복한 삶을 사는 것에서 자연스럽게 나오는 부산물이다. 그러나 우리들 거의 대부분은 이런 말을 듣는 순간 곧바로 다음 질문을 던진다.

"그래? 그러면 성령께 굴복한 삶을 살려면 어떻게 해야 하지?"

다른 말로 표현하면 이것이다. "내가 열심히 노력할 수 있는 일은 무엇이지?" 그렇게 우리는 악순환의 시발점으로 다시 돌아간다. 인간의 노력으로 다시 돌아간다.

그러나 성령님의 뜻에 순종하며 사는 것은 우리의 행위와 연관되어 있다기보다는 우리의 상태와 연관되어 있다. 평온하게 있는 것, 조용히 가만히 있는 것과 연관되어 있다.

그럴 때 당신은 성령의 음성을 들을 수 있다. 속삭이듯 조용히 말씀하시거나 외치시는 성령의 음성을 들을 수 있다. 장래의 그곳에 대해 속삭이시고, 말씀하시며, 외치시는 성령의 음성을 당신의 일상에서 규칙적으로 들을 수 있을 때 진정으로 '기쁨'을 느끼며 살아갈 수 있을 것이다!

갇힌 자들의 찬양

나의 봉사 기간 마지막 주, 중학생들의 하계 야영지에서 보낸 그 며칠 동안 가장 잊지 못할 사건은 마지막 날 전야前夜에 일어났다. 학창 시절 교회의 여름 수련회에 참석해본 사람이라면 마지막 날 전야가 '슬피 울며 이를 가는'(죄를 회개한다는 의미에서) 밤이라는 것을 익히 알고 있을 것이다. 혹 이를 가는 밤은 아닐지 몰라도 슬피 우는 날임은 분명하다.

설교자가 마지막 메시지를 마치고 통성기도를 인도한다. 자신의 삶을 예수님께 바치기 원하는 사람은 강단 앞으로 나오라고 권고한다. 그러면 수련회에 참석한 모든 여학생들이 자신의 삶을 예수님께 다시 바치기 위해 먼저 앞으로 나간다. 무릎을 꿇고 기도하는 소녀들의 볼을 타고 굵은 눈물방울이 흘러내린다. 그런 다음에는 남학생들이 강단 앞으로 우르르 몰려나간다. 이유가 무엇인가? 슬피 흐느끼는 여학생들을 '위로'라는 이름으로 합법적으로 포옹할 수 있는 기회가 있기 때문이다(농담이라고 생각하는가? 진담이다. 그 나이 또래의 남자애들은 다 그런 법이다).

그런 다음에는 캠프파이어가 이어진다. 사춘기 청소년들의 풋풋한 이성 관계에 최초의 불꽃을 점화하는 완벽한 무대가 준비된다(이런 표현을 용서해주기 바란다. 하지만 그런 나이인 것을 어떻게 하겠는가). 해가 서산으로 기운 지 오래이다. 칠흑같이 새까만 하늘에 별들이 총총하다. 그리고 그 어둠 안에, 모닥불의 훈훈한 열기가 퍼지는 그곳에 아이들이 일주일 내내 기다려온 기회가 있다. 그것은 이 땅에서 남은 날들을 함께 살아갈 것이라고 점찍은 특별한 한 사람, 아니면 최소한 수련회 기간을 행복한 시간들로 만들어주었던 그 특별한 여학생 혹은 남학생의 손을 잡을 기회다.

아무튼 그날 밤 캠프파이어 행사가 무르익어갈 무렵, 가장 잊지 못할 그 사건이 일어났다. 캠프파이어 인도자는 학생들이 가장 좋아하는 노래를 부를 수 있게 허락해주었다. 우리는 수련회 때 전형적으로 부르는 노래들을 부르며 즐거운 시간을 보냈다. 그렇게 캠프파이어 행사가 끝나갈 즈음에 학생들 뒤쪽에서 노래를 한 곡 더 신청하는 목소리가 들려왔다.

블레이크의 목소리였다. 그는 우리가 좋아하고, 자기가 가장 사랑하는 찬송을 불러주기를 원했다. 〈예수 사랑하심은〉이라는 찬송이었다. 누군가가 기타를 치기 시작했다. 우리는 총총한 별 아래서 매미들의 울음소리를 배경으로 한목소리로 제1절과 후렴을 불렀다. 그러나 별안간 노래가 중단되었다. 다음 절 가사를 아는 사람이 없었기 때문이다.

어색한 정적이 흘렀다. 우리 모두가 그렇게 어색한 침묵 속에 잠시 앉아 있는 동안, 누군가가 그 노래의 다음 절을 부르기 시작했다. 알아듣기 쉽지 않은 발음으로 그러나 하나님의 귀에는 더없이 흐뭇한 찬양으로 들렸을 목소리였다. 바로 블레이크였다.

나를 사랑하시고 나의 죄를 다 씻어
하늘 문을 여시고 들어가게 하시네

내가 연약할수록 더욱 귀히 여기사

높은 보좌 위에서 낮은 나를 보시네

세상 사는 동안에 나와 함께하시고
세상 떠나가는 날 천국가게 하소서

바울은 감옥에 갇혀 있었다. 블레이크도 감옥에 갇혀 있었다. 그러나
바울도 찬송하였고 블레이크도 찬송했다! 그들은 반항적인 기쁨으로 찬
송한 것이다!

1. 행복과 기쁨의 차이에 대해 생각해보라.

2. 당신의 기쁨은 환경에 따라 좌우되는가? 만약 그렇다면, 당신의 기쁨이 고갈되었다는 것이 가장 분명하게 느껴지는 때는 언제인가? 그리고 그 이유는 무엇인가?

3. 당신이 알고 있는 사람들 중, 반항적인 기쁨의 감각을 갖고 살아가고 있는 사람은 누구인지 생각해보라.

4. 기쁨은 성령의 내주하심의 결과이다. 기쁨을 지속시키기 위해 당신의 노력이 아니라 오직 성령의 역사와 능력을 의지해야 한다는 것을 당신 자신에게 상기시킬 수 있는 방법은 무엇인지 생각해보라.

자비롭고 거룩하신 아버지시여!
현세의 너무나도 많은 환경들이 저희의 기쁨을
쉽게 강탈할 수 있습니다.
인생길에서 만날 수 있는 모든 어려운 환경에 반항하는 기쁨,
그 어떤 환경에라도 반항할 수 있는 기쁨의 감각을
아버지의 성령의 능력으로 저희 안에 만들어주소서!
저희가 기뻐할 때 다른 사람이 저희를 주목하게 하시어,
저희의 기쁨의 원천에 대하여 그들에게 설명할 수 있게 해주소서!
예수님의 이름으로 기도드립니다. 아멘.

위험을 감수하는 믿음

'믿음'이라 쓰고 '위험'이라 읽는다

내 구주 예수를 더욱 사랑

오래전에 북한에서 일어난 일이다. 도로 공사를 하고 있던 공산주의자들이 김 전도사와 그가 이끄는 26명의 그리스도인이 지하에 손으로 터널을 파고 그 안에 숨어 살고 있는 것을 발견했다. 공산주의자들은 인민재판과 공개 처형을 위해 그들을 황해도 곡산 마을의 3만 명 주민들 앞으로 끌어냈다.

"그리스도를 부인하라! 그렇지 않으면 죽여버리겠다!"

그들은 27명의 그리스도인들을 위협했다. 그러나 그리스도인들은 거부했다. 그러자 공산주의자 간부가, 체포된 27명의 그리스도인의 자녀들 가운데 네 명을 골라 교수형에 처할 준비를 하라고 명령했다. 그 어린 생명들의 가녀린 목에 밧줄을 걸고 나자 그 간부는 아이들의 부모에게 그리스도를 부인하라고 다시 명했다. 그러나 어느 누구도 부인하지 않았다. 대신 그들은 자신의 자녀들에게 말했다.

"조금 이따가 천국에서 보자꾸나!"

네 명의 아이들은 그렇게 조용히 죽음을 맞이했다.

그런 뒤에 간부는 도로 포장용 증기롤러를 몰고 오라고 명령했다. 그리고 27명의 그리스도인들을 도로에 강제로 눕혔다. 롤러 기사가 엔진에 시동을 걸자 간부는 예수님을 믿는 믿음을 철회하라고 그리스도인들에게 마지막 기회를 주었다. 그러나 그들은 이번에도 그리스도를 부인하기를 거부했다.

그리고 증기롤러의 육중한 원통형 무쇠 바퀴가 조금씩 가까워지자 그리스도인들은 찬송하기 시작했다.

내 구주 예수를 더욱 사랑

엎드려 비는 말 들으소서

내 진정 소원이 내 구주 예수를

더욱 사랑 더욱 사랑

이전엔 세상 낙 기뻤어도

지금 내 기쁨은 오직 예수

다만 내 비는 말 내 구주 예수를

더욱 사랑 더욱 사랑

이 세상 떠날 때 찬양하고
숨질 때 하는 말 이것일세

다만 내 비는 말 내 구주 예수를
더욱 사랑 더욱 사랑

나는 그날 죽임당한 사람들의 이름을 모른다. 그러나 그들이 위험을
받아들였다는 사실만큼은 분명히 알고 있다. 예수님을 따르는 사람들은
언제나 그렇다.

인생에서 일어나는 부작용

위험에 관한 한, 사람들은 명백히 두 편으로 갈린다. 받아들이는 쪽과
그렇지 않은 쪽이다. 사람들은 보통 위험을 감수하는 것을 그다지 좋아
하지 않는다. 당신은 어느 쪽인가? 위험을 감수하는 사람은 다음과 같
은 행동을 하기 마련이다.

❖ 미친 듯 번지점프를 즐긴다.

❖ 스카이다이빙을 즐긴다. (완벽하게 편안한 비행기에서 일부러 뛰어내리는 이유가 무엇인지 나는 도통 이해할 수가 없지만 말이다.)

❖ 소방관, 식인食人 범고래 조련사, 운전면허 학원의 강사가 된다.

❖ 주유소에서 자동차에 기름을 넣으면서 담배를 피운다.

반면에 만일 당신이 위험을 피하는 사람이라면 다음과 같이 행동할 수 있다.

❖ 컴퓨터의 2000년도 인식 오류로 인한 재난에 대비하여 사두었던 통조림 깡통과 생수병이 집에 남아 있을지 모른다.

❖ 휴대폰이 과열되면 폭발할 수도 있다는 말이 자꾸 마음에 걸려 주유소에서 기름을 넣을 때는 언제나 휴대폰 전원을 꺼놓는다. 혹은 당신 옆자리에서 기름을 넣으며 담배를 피우는 사람을 위해 기도할지 모른다.

❖ 너무 위험해 보인다는 이유로 비행기를 타지 않을지 모른다. (해마다 당나귀 뒷발에 치여 죽는 사람들의 숫자가 비행기 사고로 죽는 사람들의 숫자보다 더 많다는 기사를 최근에 읽은 적이 있다. 그냥 그렇다는 말이다.)

이와 같이 위험을 감수하는 사람들이 있는가 하면 피하는 사람들도 있다. 하지만 부정할 수 없는 명백한 사실은 위험이라는 것이 인생을 살아가는 데 수반되는 부작용 중 하나라는 것이다. 위험은 피할 수 없다. 필연적이다.

당신은 분명 잠에서 깨는 것으로 오늘 하루를 시작했을 것이다. 그렇다면, (미국의 경우) 해마다 베개와 관계된 부상으로 응급실에 입원하는 사람들의 숫자가 5천 명이 넘는다는 사실을 알고 있는가? 잠자는 것은 위험한 모험 가운데 하나이다.

당신은 잠자리에서 일어난 후에 욕실을 사용했을 것이다. 그렇다면, (미국의 경우) 해마다 욕실과 관련된 부상으로 병원을 찾는 사람들이 4만 명이 넘는다는 사실을 알고 있는가? 당신이 깨닫고 있든지 그렇지 못하든지, 당신 집 욕실의 변기를 사용할 때, 위험의 가장자리에서(실제로도 그것의 가장자리에 걸터앉는 사람이 많다) 살아가고 있는 것이다.

당신은 운전을 하는가? 대부분의 사람들은 운전을 한다. 그렇다면, 10초마다 누군가가 교통사고에 연루된다는 (미국) 교통부의 보고서를 읽은 적이 있을 수도 있다. 그러므로 당신이 매우 조심스러운 사람이라고 생각한다면 이 글을 주의해서 읽을 필요가 있다. 당신은 아드레날린흥분하거나 분노할 때 분비되는 생체 호르몬 중독이다. 따라서 격정과 불같은 성질을 삼키는 법을 배우는 게 좋을 것이다.

기꺼이 위험을 택한 사람들

저명한 과학 철학자 래리 라우든Larry Laudeu은 오랜 기간 위험 관리법을 평가한 뒤, 자신의 연구 결과물을 《Danger Ahead》진방의 위험라는 저서에 19가지 원칙으로 나누어 요약하였다. 그가 제시한 위험 관리법의 첫째 원칙은 바로 '모든 것들이 위험하다!'는 사실을 인지하라는 것이었다.

그 원칙은 그리스도인이 삶을 살아가는 원칙에 정확히 적용된다. 누구든지 상당한 위험을 자신의 몫으로 받아들이지 않으면 예수님을 따르는 사람이 될 수도 없고, 예수님의 교회의 일원이 될 수도 없다. 그리스도를 따르는 것은 언제나 '다소' 위험했다. 실제로는 다소 위험한 것 이상이다.

최근, 예수님이 처음에 제자들을 부르신 장면을 집중적으로 연구하면서 깨달은 점이 있다. 세관원이었던 마태는 예수라는 이름의 가난한 선생을 따르기 위해 생계 수단과 가족과 경제적 안정을 다 버렸다. 그것은 위험한 결정이었다. 그 후에는 어업으로 생계를 이어가던 베드로와 요한이 부름을 받았다. 고기 잡는 일이 대단한 직업은 아니었지만 분명 그들의 생계 수단이었고 또 그들이 할 줄 아는 유일한 일이었다.

그러나 예수님이 부르셨을 때 그들은 그물을 버리고 따라갔다. 우리에게는 그 사건이 그저 주일학교 공과공부 시간에 한 귀로 듣고 한 귀로 흘리는 일화에 지날지 몰라도 그들에게는 중대한 위험을 감수하는 결단이었다.

그리고 초대교회에서 전개된 사건을 가만히 살펴보면 당시의 성도들이 위험을 감수했을 뿐만 아니라 '기꺼이 택한' 것 같다는 결론에 이르게 된다.

사도행전 14장에는 사도 바울이 루스드라에서 복음을 전하는 장면이 나온다. 그곳 사람들이 바울의 메시지를 잘 받아들이지 않았다는 것이 명백하다. 왜냐하면 그들이 바울을 죽도록 구타하고 성문 밖으로 끌어내 죽게 내버려두었기 때문이다. 하지만 바울은 정신을 차렸을 때 복음을 전하기 위해 즉각 그곳으로 향했다.

사도행전 6장과 7장에는 복음을 전했다는 이유로 유대 종교 지도자들에게 체포된 스데반의 이야기가 나온다. 거짓 증인들이 스데반을 모함하자 대제사장이 스데반에게 물었다.

"이것이 사실인가?"

결정적인 순간이었다. 스데반은 자신의 주장을 철회할 수도 있었고, 혼란스런 상황에 대해 적당히 변명할 수도 있었다. 그렇게 함으로써 목숨을 부지할 수도 있었다. 하지만 그는 그렇게 하는 대신 예수님에 관하여 또다시 설교하기 시작하였다. 결국 성난 유대인 무리가 그를 성 밖으로 끌고 나가 돌을 던져 죽였다.

어떤 사람은 위험으로부터 도망친다. 반면 어떤 사람은 기꺼이 위험을 택하는 것처럼 보인다. 예수님을 따르는 사람들이 그렇다.

'믿음'을 '위험'으로 받아들이다

예수님의 제자들이 오싹하고 짜릿한 스릴을 즐기기 위해 위험한 상황에 연루되는 쪽을 택한 것은 절대 아니다. 돌에 맞아 죽는 것은 결코 유쾌한 일이 아니다. 제자들은 병적으로 자기를 학대하는 '순교자 증후군'에 걸린 어중이떠중이 오합지중烏合之衆이 아니었다. 그들의 행동을 아주 단순하게 설명해주는 것이 하나 있다. 내가 '위험'이라는 말을 할 때 그것은 곧 '믿음'을 뜻한다.

언젠가 혹자가 믿음이라는 단어를 알파벳 철자로 나타내기 위한 가장 좋은 방법은 'f-a-i-t-h'가 아니라 'r-i-s-k'라고 말한 적이 있다. 그렇다. 위험risk이 없는 곳에는 믿음faith도 없다. 히브리서 11장 1절은 "믿음은 바라는 것들의 실상이요 보이지 않는 것들의 증거니"라고 말한다. 눈으로 볼 수 없고, 손으로 만질 수 없으며, 느낄 수 없는 하나님의 존재 위에 당신의 삶을 건축하는 것은 상당한 위험이 내포되어 있다.

뿐만 아니라 교회가 언제나 상당한 위험에 밀접하게 연루되어 왔다는 것은 우리 모두가 익히 알고 있는 사실이다. 어쨌든 우리가 그리스도인으로서, 자신의 문화에 너무나도 큰 위협이 되었기 때문에 결국 그 문화의 사람들에 의해 십자가에서 살해당한 어떤 분을 섬기기 위해 살아가고 있기 때문이다. 그러므로 최초 교회의 성도들이 그저 위험이 좋아서 기꺼이 위험을 택한 것이 아니었다. 그들의 믿음은 본질적으로 상당한 위험을 수반하였고 그들의 삶 자체는 예수님을 믿는 불굴의 믿음에 의해 추진되었다. 강한 믿음이 있는 곳에는 틀림없이 상당한 위험이 있다. 우리가 자기 자신의 십자가를 질 때 거기에는 틀림없이 상당한 위험이 따른다.

우리가 어떤 유형의 위험이라도 회피하려는 경향을 갖고 있는 것이, 어쩌면 강한 믿음이 없거나 혹은 우리 자신의 십자가를 지려고 하지 않기 때문인지 모른다. 현대 문화는 차선책을 마련해놓으라고 우리들에게 권고한다. 궂은 날을 대비하고 안락한 노후를 위해 돈을 숨겨놓으라고 촉구한다. 안락하게 사는 생물체가 되어야 한다고 가르친다. 그래서 우리는 유명 브랜드 안락의자에 앉아 휴식하고, 고가高價의 기능성 침대 위에 누워 잠을 잔다. 우리 대부분은 안락해지기 위해 필요한 것이라면 무엇이든지 다 하려고 한다.

실로 불행한 일이지만, 안락함에 대한 이러한 집착이 믿음에까지 스며드는 경우가 있다. 어떤 사람들은 이렇게 말한다.

"위험만 없다면, 즉 다치거나 거부당하지 않고, 해고되거나 추방되지 않는다는 보장만 있다면 어디든지 갈 것이고, 무엇이든지 다 줄 것이며, 무슨 말이든지 다 할 것이다!"

우리가 이러한 위험 회피 경향에 영향을 받고 있다면 논의는 훨씬 더 수월하게 진행될 것이다. 스스로에게 질문해보자.

'나는 이러한 위험 회피 경향에 영향을 받고 있을까?'

정직하게 말하자. 나는 영향을 받고 있다. 아마 당신도 그럴 것이다. 그러면 다시 질문해보겠다.

'당신은 위험을 어떻게 처리하는가?'

좀 더 구체적으로 질문해보겠다.

'예수님을 믿는 당신 믿음이 위험을 감수하라고 강요할 때, 당신은 어떻게 반응하는가?' '위험성이 높아질 때 혹은 소중한 것을 잃게 될 때 당신은 어떻게 반응하는가?'

위험은 다양한 크기의 다양한 형태로 우리의 삶에 배달된다. 위험은 금전적, 정서적, 인간관계적, 신체적 양상 등 다양한 모습을 띠고 나타난다. 그것이 어떤 모습을 띠든지 당신이 그것을 어떻게 처리하는지 살펴보라. 회피하는가? 무시하는가? 적당히 얼버무리고 빠져나가는가? 아니면 그리스도를 믿는 믿음의 일부로 기꺼이 택하는가?

험한 여행인가, 편안한 산책인가

심각한 우려를 금할 수 없는 바, 오늘날 우리 가운데 너무나도 많은 이들이 일체의 위험을 수반하지 않는 믿음을 받아들이고 있다. 예수님을 따르는 삶에 관하여 우리들이 갖고 있는 생각은 험준한 산악지대를 지나는 위험한 여정보다는 느긋하게 공원을 거니는 편안한 산책에 더 가깝다.

그러나 당신이 예수님을 따르기로 결단하고, 예수님을 믿는 믿음 위에 당신 삶을 건축하기로 선택할 때, 필경은 전혀 가고 싶지 않은 곳으로 가라는 요구를 받게 될 것이다. 이해의 범위를 뛰어넘는 것을 내놓으라는 요구를 받을 수도 있다.

꿈을 버리고, 은퇴를 위해 비축해놓았던 자금을 한꺼번에 내놓으며, 가족과 친구들을 뒤에 남기고 떠나라는 요구를 받을 수도 있다. 낯선 문화권에 가서 소수민족으로 살라는 부름을 받을 수도 있고 당신이 쓰는 언어를 쓰지도 않고 당신의 믿음을 용인해주지도 않는 곳에 가서 살라는 부름을 받을 수도 있다. 혹은 당신이 늘 꺼렸던 대화를 다른 사람과 나누라고 예수님이 옆구리를 쿡쿡 찌를 수도 있다. 예수님을 따른다는 것은 사랑할 수 없는 사람을 사랑하고, 용서할 수 없는 사람을 용서하며, 쉽게 행할 수 없는 일을 행하는 삶을 산다는 것을 뜻한다.

이런 말이 어떤 사람에게는 오해가 될 수도 있다.

'지나치게 극단적이고 위험하다.'

그러나 예수님을 따르는 것은 언제나 그랬다. 마태에게 물어보라! 베드로와 요한에게 물어보라!

만일 우리가 1세기의 그리스도인이 그랬던 것처럼 어떤 위험도 겁내지 않고 담대하게 산다면 이 세상의 그 어떤 보험회사도 우리를 상대로 단 한 건의 생명보험 계약을 따내지 못할 것이다.

위험을 감수하는 믿음이 실제로 뜻하는 것

초대교회 성도들에게 능력을 주셨던 성령은 오늘날 우리 안에 거주하고 계신 성령과 같은 분이다. 그때로부터 지금까지 2천 년이라는 시간이 흘렀지만 성령께서 바라시는 것들과 성령의 힘과 능력은 조금도 변하지 않았다. 그렇다면 당시의 성도들과 오늘의 우리가 너무 다른 까닭은 무엇일까? 우리가 변했기 때문이 아닐까? 우리가 더 안전한 신앙을 택했기 때문이 아닐까? 혹은 적어도 더 안전한 신앙에 안주하고 있기 때문이 아닐까?

물론 이러한 진술이 모든 그리스도인에게 해당되는 것은 아니다. 어쩌면 이미 당신은 위험하고 모험적인 믿음의 삶을 살고 있을지 모른다. 정말 그렇다면, 당신은 이러한 진술의 예외 대상이다.

마지막으로 한 가지 당부하고 싶은 말이 있다.

위험한 믿음에 관한 이 모든 이야기에서 잘못된 결론을 도출해내거나 경솔한 결정을 하지 말라는 것이다. 위험한 믿음의 삶은 우리에게 순교자가 되기 위해 힘쓰라고 요구하지 않는다. 우리는 위험이라는 단어를 글자 그대로 생사를 좌우하는 상황과 연관 짓는 경향이 있다. 그러나 우리의 믿음에 관한 한, 반드시 그런 것은 아니다. 물론 어떤 그리스도인에게는 위험한 믿음의 삶을 살아가는 것이 실제로 생사를 좌우하는 상황에 처하는 것을 뜻할 수도 있겠지만 대부분의 그리스도인의 경우에는 그렇지 않다.

거의 대부분의 사람에게는 위험한 믿음의 삶을 살아가는 것이 총살을 집행하는 관리들 앞에 눈가리개를 하고 서게 된다는 것을 뜻하기보다 우리 삶의 소중한 것들, 이를테면 직업이나 경제적 안정이나 평판이나 꿈이나 혹은 생명이 위태로워질 때라도 예수님께 단단히 매달리고 또 예수님이 우리 삶에 바라시는 것을 꼭 붙잡는다는 것을 뜻한다.

우리 모두는 만일 우리 믿음이 요구한다면 기꺼이 죽을 수 있을 것이라고 믿고 싶어 한다. 그러나 아주 정직하게 말하거니와 신앙생활의 자유를 보장받는 오늘의 이 시점에서 믿음을 위해 일자리나 특별 휴가를 기꺼이 포기하려 하지 않는다면 혹은 켜켜이 쟁여놓은 안락함의 층 하나를 기꺼이 버리려 하지 않는다면, 장차 언젠가 일어날지 모를 일로서 스팀롤러의 육중한 무쇠 바퀴가 굉음을 내며 우리들 쪽으로 점점 가까이 굴러올 때, 믿고 싶어 했던 대로 반응하지는 못할 것이다.

1. 당신은 위험을 감수하는 유형인가, 아니면 회피하는 유형인가? 그 이유를 설명해보라.

2. 위험에 대한 당신의 태도가 당신의 믿음생활에 어떤 영향을 끼치고 있는가?

3. 상당한 위험을 당신 몫으로 받아들이지 않고서도 예수님을 따르는 것이 가능하다고 생각하는가? 예수님을 따르기 위해서 위험을 감수하는 것이 불가피하다고 생각한다면, 예수님을 따르기 위해 당연히 감수해야 할 위험요소의 예를 들어보라.

4. 기꺼이 위험을 택하는 것을 당신 믿음의 일부로 삼을 경우, 당신의 삶은 구체적으로 어떻게 달라질 것인가?

자비롭고 거룩하신 아버지시여!

아버지를 따르기 위해 기꺼이 위험을 감수하는 자발성을 제게 주소서!

저의 안전이 돈이나 평판이나 이력에 있지 않고

오직 아버지 안에 있음을 계속 상기시켜주소서!

제가 어디로 가기를 원하시든지

그곳으로 가도록 이끌어주시고,

제가 무엇을 하기를 원하시든지

그것을 행하도록 이끌어주소서!

편할 때나 불편할 때나, 안전할 때나 위험할 때나

늘 아버지의 뜻을 따르게 하여주소서!

존귀하신 아버지시여!

제 삶을 정직하게 평가하여 제 삶의 어떤 영역에서

안일함에 정신이 팔려 아버지를 따르기를

꺼려하고 있는 부분이 있다면 깨닫게 도와주소서.

또한 깨달은 것을 실천함으로써 저 자신을 변화시켜

아버지를 신실하게 따를 수 있게 도와주소서!

예수님의 이름으로 기도드립니다. 아멘.

집요한 소망

'어떤 것'이 아니라 '어떤 분'에게 있는 소망

동화의 매력

신학자 프레드릭 뷰크너Frederick Buechner, 1926-생존, 미국의 신학자 겸 저술가가 말했다.

"모든 시대는 동화를 창작했다."

세계에서 어떤 나라든 아무 부족이나 집단, 마을을 방문해보라. 모두 그들 나름의 동화를 갖고 있다는 사실을 발견할 것이다. 인류학자들과 사회학자들이 내놓는 다양한 증거들은 우리 인간이 동화를 향한 친화력을 갖고 설계되었다는 점을 암시한다.

소녀들은 어린 나이 때부터 왕비나 공주가 되는 것을 꿈꾼다. 그런 꿈을 키우라고 가르칠 필요가 없다. 그런 꿈이 그들의 DNA에 장착되어 있는 것처럼 보인다. 마찬가지로 소년들은 용맹스러운 전쟁 영웅이나 불을 내뿜는 사나운 용과 싸우는 전사를 꿈꾼다. 심지어 소년들은 왕자가 되는 꿈을 꾸기도 한다. 언제나 공주를 차지하는 것이 왕자이기 때문이다.

동화에는 절대 시들지 않는 매력이 있다. 아이들은 똑같은 이야기를 듣고 또 들어도 처음 들을 때처럼 관심과 흥미를 집중한다. 심지어 동화의 몇 구절을 줄줄 외우면서도 계속 읽어달라고 보채고 졸라댄다. 그러나 성장기의 어느 시점에 이르면 결국 너덜너덜해진 동화책들이 책꽂이 위쪽 천장 밑에 가로로 눕혀져 차곡차곡 쌓이거나 상자에 담긴 채 다락방 한구석에서 먼지를 뒤집어쓰게 되고, 동화를 읽는 것은 그렇게 과거의 일이 된다.

하지만 우리는 동화를 읽을 나이는 지났는지 몰라도 동화의 매력에서는 벗어나지 못한다. 특히 동화의 바탕이 되는 희망의 매력에서 벗어나지 못한다. 우리가 일상에서 사용하는 다음과 같은 표현들을 잘 살펴보라.

- ❖ 어느 날 길을 가다가 이상형을 만나면 얼마나 좋을까!
- ❖ 경제가 곧 회복되면 얼마나 좋을까!
- ❖ 건강하게 장수할 수 있으면 얼마나 좋을까!
- ❖ 우리 집 아이들이 좋은 짝을 만나면 얼마나 좋을까!
- ❖ 건강검진 결과가 좋게 나오면 얼마나 좋을까!

이런 희망사항을 본격적인 동화로 만들려면 "그래서 그들은 오래오래 행복하게 살았답니다!"와 같은 몇 마디 말만 추가하면 된다.

모든 동화는 희망이라는 날줄과 씨줄로 짜여 있다. 좋은 동화일수록 쓰라리도록 엄혹嚴酷한 현실을 커튼으로 가리고 인생에는 그 이상의 무엇이 있다는 암시를 준다. 개구리가 언제까지나 개구리로 지내야 하는 것은 아니다. 어느 날 왕자가 될 수 있기 때문이다. 신데렐라가 언제까지나 계모와 양養 언니들의 구박덩어리로 살아야 하는 것은 아니다. 어느 날 왕자를 만날 수 있기 때문이다.

동화의 속뜻을 가만히 살펴보면 모든 동화가 변화의 가능성으로 장식되어 있다는 사실, 즉 희망으로 가득 차 있다는 사실을 발견할 수 있다. 희망은 지금보다 더 좋은 일들이 올 것이라고 속삭인다. 우리의 인생이 언제까지나 지금 이 상태에 머물러야 하는 것은 아니라고 말이다.

황금색 불빛 창문을 찾는 사람들

주변을 둘러보면 희망을 갈망하는 사람들을 어렵지 않게 볼 수 있다. 놀랄 일도 아니다. 인생은 숨이 막힐 정도로 우리에게 폭력을 가하는 나름의 기법을 갖고 있다.

당신은 실망스러운 인간관계 하나, 어려운 경제적 곤경 하나, 금전적 압박 하나, 스트레스를 주는 문제 하나 등을 능히 처리할 수 있을지 모른다. 하지만 이 모든 문제가 동시다발적으로 당신에게 주먹을 날리면 견디기가 어려워지고, 암울한 먹구름이 서서히 몰려들어, 결국 짙은 어둠이 당신 삶에 내려앉을 것이다.

솜씨 좋은 화가 한 사람이 황량한 겨울 산골의 풍광風光을 화폭에 담았다. 흰 얼음과 눈이 산자락을 덮고 있고, 키 큰 소나무들이 가지를 구부린 채로 차가운 삭풍朔風에 힘겹게 저항하고 있으며, 산자락 끝에 아늑하게 자리를 잡은 외진 오두막 지붕에 고드름이 달려 있다. 황량하고 적막하며 쓸쓸한 풍경이다.

그러나 그때 화가가 한 번의 가벼운 붓놀림으로 그 그림을 완전히 바꾸어놓았다. 붓 끝에 노랑 물감을 적셔서 오두막 창문에 황금색 불빛을 그려 넣은 것이다. 그림은 완전히 다른 느낌으로 변했다. 창문의 불빛이 생명, 온기, 안전, 환대, 희망의 의미를 전달해주었기 때문이다.

많은 사람들이 인생길에서 비척거린다. 흐리멍덩한 눈으로 황금색 불빛의 창문을 찾는다. 그들 인생의 그림은 삭막하고 음침하며 쓸쓸하고 심지어 얼음처럼 차가운 느낌을 띤다. 한 마디로 희망이 없어 보인다. 우리 시대에 만연한 주요 유행병의 목록은 AIDS와 암으로 시작되겠지만 이제부터는 거기에 '절망감'을 추가해야 할지 모른다.

인생의 가장 처절한 비극 가운데 하나는 희망 없는 사람이다. 그런 사람을 알아보기는 어렵지 않다. 그들의 발걸음에는 경쾌함이 없고, 눈동자에는 생기가 없으며, 입가에는 웃음이 없다. 슬프게도 오늘날 절망감이 전염병처럼 확산되고 있다.

해마다 자살률이 급증하고 있다. 자살 문제는 매우 조심스럽게 다루어야 한다. 언제나 거기에는 믿을 수 없을 만큼 어려운 환경과 사정이 숨어 있기 때문이다. 그러므로 자살 문제를 지나치게 단순화하여 말하고 싶지 않다. 그러나 자살이 어느 정도는, 한 인간을 위압威壓하는 깊은 절망의 결과임은 명백하다. 당신이 자살을 고려해본 적이 없을지라도 모든 희망이 다 사라졌다는 생각이 들었던 적은 분명 있을 것이다. 그것은 사탄이 지어내 당신 마음에 속삭인 거짓말이다.

성경은 사탄이 매일 '훔치기, 죽이기, 파괴하기' 이 세 가지를 의무적으로 실천한다고 말한다요 10:10 참조. 이 말을 다음과 같이 표현해도 적절할 것이다.

"사탄은 희망이 우리 영혼을 위한 산소와 같음을 잘 알기에 우리의 희망을 강탈하고, 죽이며, 파괴하기를 바란다."

희망은 삶과 죽음의 본질적인 차이점이다.

나는 무엇에 희망을 걸고 있는가

그러나 희망 자체만으로는 충분하지 못하다. 왜냐하면 희망이라는 것은, 당신이 어떤 대상이나 객체에 희망을 걸 때, 그 객체나 대상이 지니고 있는 능력만큼만 힘을 발휘할 수 있기 때문이다. 그러므로 우리가 언제나 점검해야 할 질문은 "내 삶에 희망이 있는가?" 하는 것이 아니라 "나는 무엇에 희망을 걸고 있는가?" 하는 것이다.

지금 여기서 이 질문에 명확하게 대답하지 않으면 논의를 진행할 수 없을 것 같으니 당신 자신에게 묻고 대답하라. 큰 소리로 대답하지 않아도 좋다. 지금 공공장소에서 이 책을 읽는 중이라면 어색한 상황을 연출하게 될 테니 말이다. 모든 사람들이 볼 수 있게 당신 영혼을 발가벗긴다고 생각하고 이 질문에 솔직하게 대답해보라.

"당신은 무엇에 희망을 걸고 있는가?"

많은 사람이 세상적인 가치에 희망을 걸고 있다. 그 내용을 하나씩 살펴보도록 하겠다.

성공

사실 사람들은 자기들이 성공에 희망을 걸고 있다고 좀처럼 말하지 않는다. 하지만 그들의 삶은 그렇게 말한다. 휴일도 잊고 가족도 뒷전으로 미룬 채 일터에서 살아가는 그들의 모습, 첫 번째로 출근하여 마지막으로 퇴근하는 모습이 그 증거이다.

늦은 저녁, 그들의 몸은 집에 돌아와 있지만 생각과 마음은 일터에 두고 온 일거리 주변을 하염없이 얼씬거린다. 그들은 그저 자신의 일에 충실하기 위해 많은 시간을 일에 배당하는 것이라고 말할지 모른다. 그렇지만 일을 자신의 정체와 희망의 원천으로 삼는 것과 근면하게 일하는 것 사이에는 분명한 차이가 있다.

부富

언젠가 그다지 현명하지 못한 사람이 "돈이 세상을 움직인다!"라고 말한 적이 있다. 세상을 살아가는 데는 돈이 필요하다는 뜻으로 말한 것이라고 생각한다. 틀린 말은 아니다. 인간은 누구나 돈으로부터 자유롭지 못하다. 돈은 인생에 꼭 필요하다. 혹자는 돈이 인생의 필요악이라고 말한다. 그러나 오늘날 대부분의 사람들에게 돈은 필요한 것 이상의 의미를 갖는다. 그들에게 돈은 정신을 홀리는 것 혹은 머리에 들러붙어 떠나지 않는 것이다.

나의 의견에 동의하지 못하겠다면 〈피어 팩터〉Fear Factor, 일반 출연자들이 소정의 상금을 걸고 온갖 괴상한 짓으로 승부를 겨루는 NBC TV 방송국의 리얼리티 프로를 보라. 사람들이 얼마 되지도 않는 상금을 타기 위해 징그러운 지렁이나 귀뚜라미를 먹고, 악어와 함께 수영하며, 뱀이 득실대는 수조水槽 안에 머리를 넣는다.

현대인은 돈을 위해서라면 무슨 짓이든지 다 하려고 한다. 돈에 대한 현대인의 통상적 관점은 "많을수록 좋다!"이다.

사실 돈 자체가 악한 것은 아니다. 어떤 사람은 성경을 잘못 이해하여 돈이 모든 악의 뿌리라고 말한다. 그러나 성경은 그렇게 말하지 않는다.

"돈을 사랑함이 일만 악의 뿌리가 되나니" 딤전 6:10.

돈 자체가 악이 아니라 '돈을 사랑하는 것'이 악이다. 사람이 돈을 사랑하는 까닭은 돈이 구원의 원천이라고 무의식적으로 확신하게 되기 때문이다. 즉 돈이 많으면 인생의 온갖 불안과 권태와 불만족으로부터 구원받을 수 있다고 무의식적으로 확신하게 되기 때문이다. 그들의 눈에는 돈이 구원의 근원으로 보인다. 그래서 그들은 모든 희망을 돈에 건다.

외모

우리들의 신체는 영혼을 둘러싸고 있는 외피外皮로 설계되었다. 그러나 오늘날, 특히 현대 문화에서 신체는 하나의 우상으로 간주되고 있다. 우리는 다른 사람의 신체를 숭배의 대상으로 여긴다. 그뿐 아니라 우리 가운데 많은 사람은 자신의 신체도 숭배의 대상으로 간주한다.

물론 우리가 거울에 비친 우리 자신의 모습을 보면서 우상에게 하듯이 절을 하는 것은 아니다. 하지만 많은 사람이 거울에 비친 자신의 모습에 열중하고 있다는 것은 부정할 수 없는 사실이다. 우리는 거울을 들여다볼 때, 너무나 갈망하는 체형을 갖지 못해 좌절에 빠지기도 하고, 거울에 비친 자신의 모습이 마음에 들어 환희와 만족을 느끼기도 한다. 그러나 어떤 경우이든 외모 그 자체를 희망의 원천으로 간주하기 쉽다.

문화는 이런 식으로 생각하도록 우리를 훈련시켜왔다. 왜냐하면 잘생긴 얼굴이나 조각처럼 잘 다듬어진 복근 혹은 아름다운 머리카락을 갖고 있으면 그만큼 명성과 부를 획득하기가 쉬워지기 때문이다. 이 시대 사람들은 자신의 외모를 성공으로 가는 황금 티켓이나 희망의 원천으로 여기도록 무의식적으로 세뇌당한다.

지키지 못할 약속

이처럼 성공이나 부나 외모에 희망을 거는 것이 전혀 무해하게 보일지 모른다. 하지만 아무리 그렇더라도, 그런 것들에 희망을 걸면 결국 당신 자신을 실망에 빠트리게 된다는 사실을 알아야 할 필요가 있다. 성공과 부와 외모는 한 가지 공통점을 갖고 있다. 그것은 이것들 모두가 지키지 못할 약속을 한다는 점이다.

성공은 한동안 당신에게 기회와 만족과 칭송을 제공할지 모른다. 그러나 다른 누군가가 당신 자리에 앉고, 사무실 문에 걸려 있던 명패가 다른 사람의 것으로 교체되며, 당신에게 배당되었던 전용 주차 공간이 없어질 날이 오기 마련이다. 어쩌면 사람들이 당신 사진을 벽에 걸고 우러러볼지 모른다. 그러나 아무도 당신 이름을 기억조차 못하게 될 날이 곧 오고야 만다. 일례로, 세속적인 의미에서 미국의 대통령으로 봉직하는 것보다 더 큰 성공이 없겠지만 대부분의 미국인은 역대 대통령들의 이름을 다 나열하지 못한다. 성공은 더 대단한 일들이 일어날 것이라는 약속을 한다. 그러나 그것은 지키지 못할 약속이다.

부富는 안전과 안위와 만족을 약속한다. 얼마 동안은 그런 약속을 지킬 수도 있다. 그러나 장기적으로는 아니다. 대저택이 화재로 전소되고, 주식시장이 붕괴된다. 재벌 총수가 뒷목을 잡고 쓰러지며, 심장감시장치 모니터의 파도 모양의 곡선이 평평하게 직선으로 흐른다. 그런 순간에는 억만금이 있어도 또 한 번의 호흡을 살 수 없다.

"무덤에 다 가져갈 수 있는 것은 아니야!"라는 말을 들어본 적이 있을 것이다. 맞는 말이다. 그의 장례 행렬에 최고급 승용차가 줄을 이을지 모른다. 그러나 그가 일평생 축적한 현금을 실은 대형 트럭이 그의 관을 뒤따라가는 일은 일어나지 않는다. 부는 더 대단한 일들이 일어날 것이라는 약속을 한다. 그러나 그것은 지키지 못할 약속이다.

외모도 예외가 아니다. 사실 외모는 가장 교활한 사기꾼이다. 생리학자들은 인간의 신체가 30대 중반에 정점에 도달했다가 이후로부터 서서히 노화의 과정을 밟는다고 말한다. 우리는 한 해, 두 해 나이를 먹어감에 따라 거울만 들여다보아도 외모의 생기나 아름다움은 그저 잠시 잠깐 지속될 뿐이라는 사실을 상기하게 된다.

어느새 눈가에 주름살이 자글자글하다. 얼굴에 깊은 골이 파이기 시작한다. 흰 머리카락의 숫자가 검은 머리카락의 숫자를 추월하기 시작한다. 혹은 휑하니 민머리가 된 부분이 머리카락이 돋아난 부분들을 압도하기 시작한다. 관절이 뻑뻑해지고, 근육이 저려오며, 시력이 희미해진다.

만일 당신이 신체를 희망의 원천으로 삼고 있다면 불가불 실망에 맞닥뜨리게 될 것이라 단언하기는 결코 어렵지 않다. 온갖 종류의 건강식품과 강력 탈모 치료제와 값비싼 노화 방지 화장품과 보툴리눔 독소 시술법이 얼마 동안은 당신을 위해 최선을 다해 싸워주겠지만 결국에 가서는 자연과 세월의 집요한 공세에 무릎을 꿇고 말 것이다. 외모는 더 대단한 미래에 대한 희망을 약속한다. 그러나 그것은 지키지 못할 약속이다.

희망 없는 사람보다 우리 마음을 더 안타깝게 하는 것은 가짜 희망에 매달리고 있는 사람이다. 우리는 그리스도인으로서 일시적인 희망이나 껍데기뿐인 희망이나 거짓된 희망에 만족할 필요가 없다. 영원한 희망을 갖고 있기 때문이다. 더 대단한 참소망의 약속을 지니고 있기 때문이다.

기독교 신앙을 유별나고 독특하게 만들어주는 것, 이 세상의 모든 종교와 전혀 다른 차원의 영역으로 만들어주는 것이 바로 그것이다. 우리는 어떤 신념 체계나 규칙 목록이나 도덕성을 향한 우리 자신의 나약한 시도에 희망을 걸 필요가 없다. 우리의 희망은 '어떤 것'이 아니라 '어떤 분'에게 있고 그분은 바로 예수님이기 때문이다. 그리스도인의 삶에서 희망은 추가로 덧붙여진 보충분도 아니요, 허황된 몽상도 아니다.

성경을 읽어보면 거의 모든 글에서 희망의 어조를 발견할 수 있다. 신약성경에는 사도 바울의 편지 13편이 들어 있는데, 대부분 특정한 교회에 보내는 것이다. 그리고 그의 편지를 가만히 읽어보면 그가 자기 편지를 읽는 성도들에게 소망을 가르치고 있다는 사실, 즉 성도들이 그리스도 안에서 갖고 있는 소망을 지속적으로 말하고 있음을 알 수 있다. 바울이 자신의 편지에서 후렴구처럼 종종 반복하는 말들을 한 마디로 요약하면 다음과 같다.

"우리가 그리스도 안에서 갖고 있는 큰 소망을 망각하지 말라!"

'좋은 때든지 나쁜 때든지, 부유할 때든지 가난할 때든지, 건강할 때든지 아플 때든지, 승리에 도취되든지 비극의 한가운데 처하든지' 소망을 잃지 말라는 것이다. 히브리서 기자는 우리의 소망에 대하여 이렇게 말한다.

"우리가 이 소망을 가지고 있는 것은 영혼의 닻 같아서 튼튼하고 견고하여 휘장 안에 들어가나니"히 6:19.

'영혼의 닻!' 이것이야말로 우리가 그리스도 안에서 갖고 있는 소망이 무엇인지를 연상시켜주는 최상의 이미지가 아닐까 생각된다. 인생의 바다가 아무리 사나워지더라도, 실망의 폭풍이 거세게 몰아쳐도 우리는 영혼에 부착된, 희망이라는 닻을 지니고 있기 때문에 견고하게 안정적으로 머물 수 있다. 희망은 우리 영혼 깊은 곳에서 들리는 목소리, 현세에서는 아닐지 몰라도 장차 올 세상에서는 더 큰 것들이 분명히 올 것이라고 속삭이는 목소리이다.

그리스도 안에 있는 소망으로

신약성경의 가장 매력적인 단락들 가운데 하나는 고린도후서의 다음 단락이 아닐까 생각된다.

"그러므로 우리가 낙심하지 아니하노니 우리의 겉사람은 낡아지나 우리의 속사람은 날로 새로워지도다 우리가 잠시 받는 환난의 경한 것이 지극히 크고 영원한 영광의 중한 것을 우리에게 이루게 함이니 우리가 주목하는 것은 보이는 것이 아니요 보이지 않는 것이니 보이는 것은 잠깐이요 보이지 않는 것은 영원함이라"고후 4:16-18.

이 단락에서 가장 매력적인 어구는 "우리가 잠시 받는 환난의 경한 것"이다. 바울의 삶에 대해 잘 모르면 아무 생각 없이 이 부분을 스쳐지나가기 쉽다. 그러나 바울이 일상의 삶에서 거의 매일 겪었던 고난과 핍박의 강도를 이해하면 그가 겪었던 환난을 "잠시 받는 경한 것"이라고 기술하는 것이 정말 이치에 닿지 않는 것처럼 느껴진다.

"그들이 그리스도의 일꾼이냐 정신 없는 말을 하거니와 나는 더욱 그러하도다 내가 수고를 넘치도록 하고 옥에 갇히기도 더 많이 하고 매도 수없이 맞고 여러 번 죽을 뻔하였으니 유대인들에게 사십에서 하나 감한 매를 다섯 번 맞았으며 세 번 태장으로 맞고 한 번 돌로 맞고 세 번 파선하고 일주야를 깊은 바다에서 지냈으며 여러 번 여행하면서 강의 위험과 강도의 위험과 동족의 위험과 이방인의 위험과 시내의 위험과 광야의 위험과 바다의 위험과 거짓 형제 중의 위험을 당하고 또 수고하며 애쓰고 여러 번 자지 못하고 주리며 목마르고 여러 번 굶고 춥고 헐벗었노라 이 외의 일은 고사하고 아직도 날마다 내 속에 눌리는 일이 있으니 곧 모든 교회를 위하여 염려하는 것이라"고후 11:23-28.

이런 것들이 잠시 받는 경한 환난인가? 바울이 이러한 고초를 잠시 받는 경한 환난이라고 기술할 수 있었던 유일한 이유는 성도들이 그리스도 안에서 갖고 있는 소망을 잘 알고 있었기 때문이다. 당신이 그 소망을 잘 알고 있다면 삶을 대하는 방식이 변화될 수밖에 없다.

물론 당신 삶의 모든 고통과 고초가 저 멀리 물러간다거나, 당신 인생의 거센 소용돌이가 시냇물처럼 잔잔해진다거나, 당신이 인생의 모든 악전고투를 면제받게 되리라는 보장은 없다. 예수님은 우리가 이 세상에서 환난을 당하게 될 것이라고 말씀하셨다 요 16:33 참조. 건강 문제가 여전히 발생할 것이고, 늘 그랬듯이 파산과 부도를 겪게 될 것이며, 주변 사람들과의 관계가 뭉그러질 것이다.

그러나 당신이 진정으로 예수님을 따르는 사람이라면 이 모든 환난의 한가운데 있더라도 당신 영혼의 닻이 깊이 내려지는 것을 느낄 수 있을 것이며, 지금보다 더 큰 일들이 올 것이라고 속삭이는 세미한 음성을 들을 수 있을 것이다.

당신의 소망이 그리스도 안에 있는 한, 인생의 멀미로 인해 속이 울렁거리고 숨 돌릴 여유조차 없으며 하늘이 곧장 당신 위로 무너져 내릴 것 같은 가장 어두운 날들이 오더라도 바울을 따라 "우리가 잠시 받는 환난의 경한 것이 지극히 크고 영원한 영광의 중한 것을 우리에게 이루게 함이니"라고 말할 수 있을 것이다.

우리는 그리스도 안에 있는 소망으로 삶을 대하는 방식을 변화시켜야 한다. 그러나 그게 전부는 아니다.

죽음을 대하는 방식을 바꾸어라

거리를 지나가는 사람들에게 가장 두려운 것이 무엇이냐고 물으면 죽음이 언제나 우위를 차지한다. 나는 많은 사람들이 죽음을 두려워하는 이유가 무엇인지 알고 있다. 죽음의 순간을 확실히 알 수 없고 또 죽음이라는 것이 종종 아픔과 고통을 수반하기 때문이다.

하지만 사람들이 죽음을 두려워하는 진짜 이유는 마지막이라고 느끼기 때문이다. 오늘날 수많은 사람들이 건강한 삶을 영위하기 위한 명목으로 하루에 몇 시간씩 운동을 하고, 비타민을 비롯한 각종 건강보조제들을 한 움큼씩 복용하며, 주사를 맞고, 수술을 받으며, 잘 먹고 잘 자기 위해 힘쓰며, 뱃살을 조이고 밀어 넣다 못해 지방흡입술을 받는 까닭이 실은 그 마지막 순간, 즉 최후의 커튼이 쳐지는 순간을 피하기 위해서이다.

물론 그들은 단지 삶의 질質을 향상시키기 위해 그런 노력을 하는 것이라고 말한다. 그러나 거기에는 더 깊은 동기가 있다. 그들 삶의 양量을 증대시키는 것, 세상에서의 존속 기간을 늘리는 것이다. 하지만 그들 또한 이미 알고 있는 엄혹한 현실이 하나 있다. 바로 모든 사람은 죽는다는 사실이다. 사람은 열 명 가운데 여덟 명이나 아홉 명이 아니라 열 명 모두가 죽는다.

그러므로 우리가 물어야 할 질문은 "나는 죽게 되는가?" 혹은 "내가 사랑하는 사람들은 죽게 되는가?"라는 문제가 아니다. "나는 죽음을 어떻게 바라봐야 하는가?"라고 물어야 한다. 당신은 죽음을 피하기 위해 최선을 다하겠는가? 죽음을 두려워하겠는가? 아니면 그리스도 안에 있는 당신의 소망에 그 어느 때보다 더 견고하게 매달리겠는가?

1965년, 호주에 있던 그레이엄 스테인즈Graham Staines, 1941-1999라는

이름의 선교사가 가난하고 무력한 사람들을 예수님의 이름으로 돌보기 위해 인도로 건너갔다. 그는 글래디스라는 여자를 만나 아내로 맞이하였고 두 사람은 낯선 타지에서 선한 사역을 지속했다. 그리고 시간이 지나면서 그들 가족은 다섯 명으로 늘어났다. 그들 부부는 처음에 딸을 얻었고 나중에 디모데와 빌립, 두 아들을 얻었다. 그들은 예수님을 섬기는 일에 전념하면서 행복한 나날을 보냈다.

그런데 1999년 초, 비극의 먹구름이 그들 삶 위에 몰려들었고 누가 보아도 그들 삶의 창문에 선명히 그려졌던 황금색 불빛을 지워버린 것 같은 사건이 일어났다. 어느 날, 그레이엄은 열 살과 여섯 살 난 두 아들을 데리고 인도의 한 마을로 전도여행을 떠났다. 그들은 고된 하루의 사역을 마친 뒤, 타고 왔던 낡은 트럭에 들어가 잠을 자기로 했다. 그런데 그들이 막 잠들었을 무렵, 정치적으로 흥분한 100명 이상의 과격한 폭도들이 몰려와 트럭을 포위했다. 그들은 창문을 깨고서 내부와 외부에 휘발유를 붓고, 성냥불을 켜서 던졌다. 그렇게 한 아버지와 어린 두 아들이 산 채로 자동차에 갇혀 불에 타 죽는 동안 사람들은 곁에 서서 정치 구호를 외쳐댔다.

인도 사회는 경악을 금치 못했고 그들의 장례식이 열리던 날, 1천 명이 넘는 조문객들이 미망인과 딸을 위로하기 위해 작은 건물에 운집했다. 장례식은 인도 전역에 TV로 중계되었고 인도의 주요 매체들이 그 사건을 특집으로 다루었다. TV 카메라가 돌아가는 동안, 미망인이 마이크 쪽으로 걸어 나와 떨리지만 동정어린 목소리로 말했다.

"제 가족에게 이런 짓을 한 사람들을 용서합니다!"

그리고 딸과 함께 〈살아계신 주〉라는 찬송을 하면서, 그리스도께서 살아 역사하시므로 그들의 모든 두려움을 몰아내고 내일을 맞이할 수 있음을 아름답게 선포했다.

우리가 그리스도 안에서 지닐 수 있는 소망은 아무 근거도 없는, 어리석고 헛된 소망이 아니다. 그 소망에는 이유가 있다. 매우 타당한 이유가 있다. 인류 역사 이래 헤아릴 수 없이 많은 사람들이 무덤으로 내려갔지만 한 사람이 '살아서' 나왔기 때문이다.

예수님은 금요일 오후에 십자가에 못 박혀 죽으셨다. 그러나 주일 아침, 죽음의 문을 회전문으로 바꾸셨다. 이처럼 예수님이 살아 역사하시므로 우리는 인생의 가장 어두운 날을 능히 견딜 수 있을 뿐 아니라 죽음의 얼굴을 비웃는 듯이 쳐다볼 수 있다. 성경은 예수님이 죽음을 정복하셨기 때문에 우리 또한 정복하게 될 것이라고 말한다. 그것이 우리의 소망이요, 지금보다 더 대단한 것들이 올 것이라는 속삭임이다.

그 가련한 어머니의 집요한 희망

이 대목에서 나의 귀한 친구이자 이 세상에서 두 번째로 좋아하는 한 여인에 대해 말하고 싶다. 내 아내 또한 그녀에 대해 알고 있고, 내가 그녀를 그런 식으로 표현하는 것에 대해 전혀 불만이 없다.

그녀의 이름은 힐데가르드이며 나이는 꽃다운 87세이다. 그녀를 만났던 때는 약 18개월 전쯤 우리 가족이 켄터키 북부로 이사 온 직후였다. 그녀는 건강 문제로 몇 주 동안 주일 예배에 출석하지 못하고 있었다. 그녀의 친구들이 내게 이메일을 보내 혹시 그녀의 집에 심방을 와줄 수 있느냐고 물었다. 그녀가 새로 부임한 목회자를 무척 만나고 싶어 한다는 것이었다.

그녀의 집을 처음 방문한 날, 나는 "안녕하세요!"라는 그녀의 첫 인사에 마음을 완전히 빼앗기고 말았다. 우리는 어색한 침묵의 순간을 단 1초도 허락하지 않고 거의 한 시간 이상을 빛의 속도로 대화하였고, 떠날 때가 되었을 때 나는 꼭 다시 오겠노라고 약속했다.

그리고 이후 그해가 가고 이듬해 절반이 흐를 때까지 적어도 일주일에 한 번 혹은 두 번 그녀를 방문했다. 그녀와 함께 보내는 시간은 목회자로서의 의무나 부담이 아니라 축복이었다.

그녀는 아무리 어두운 방이라도 환하게 비추는 미소와 전염성 강한 웃음을 지니고 있다. 그녀는 정말 아름다운 여성이지만 세월을 비켜가지는 못했다. 눈동자는 여전히 반짝이고 있었지만 시력은 점차 쇠약해졌고, 짙은 흑발은 밝은 은색으로 우아하게 착색되고 있었다.

그녀를 처음 만났을 때 얼굴에 파인 주름을 보지 못한 것은 아니었지만 그녀를 점차 알아가면서 그 주름이 그녀의 삶의 이야기들, 즉 기쁨과 웃음과 사랑과 슬픔을 포괄하는 이야기를 전해주고 있다는 사실을 알게 되었다. 만약에 그녀의 삶의 이야기를 한 권의 책으로 기록한다면 '뼈를

깎는 고통'이라는 제목의 장이 가장 큰 분량을 차지할 것이다.

지금으로부터 70여 년 전 어느 주일 오후, 힐데가르드와 앨빈은 서로의 눈동자를 응시하면서 죽음이 갈라놓을 때까지 사랑할 것을 약속했다. 어떤 사람에게는 결혼 서약이 의례적 절차에 지나지 않을지 모르지만 두 사람에게는 끝까지 지키고 싶었던 약속이었다. 그로부터 63년 동안 두 사람은 좋을 때나 어려울 때나, 건강할 때나 아플 때나, 부유할 때나 옹색할 때나, 죽음이 초대받지 않은 손님처럼 한쪽을 불쑥 찾아올 때까지 아내와 남편으로 함께 살았다.

그녀는 혼자 남아 남편을 땅에 묻어야 했다. 하지만 남편의 장례식은 그녀가 상주喪主가 되었던 첫 번째 장례식이 아니었다. 그녀는 두 아들의 엄마였다. 첫째 아들 도널드는 1946년 12월 11일생이었고, 둘째 아들 디모데는 1951년 11월 5일생이었다. 그 아이들은 다른 모든 형제들이 다 그렇듯 함께 웃고, 놀며, 싸웠다. 두 아이는 어떤 날은 가장 친한 친구가 되고 어떤 날은 가장 흉악한 원수가 되었지만 날이 저물 무렵이면 언제나 다시 우애가 좋은 형제로 돌아왔다. 그녀는 그런 두 아들을 키우는 것을 더없는 특권으로 여겼다. 그녀는 교사였지만 두 아이가 학교에 갈 만큼 성장할 때까지 어머니 역할에 집중하기 위해 장기 휴가를 냈다. 그리고 세월이 흘러 어느새 두 아이는 성인이 되었다.

작은 아들 디모데는 고등학교 졸업 후 신시내티 대학교에 진학했다. 그의 삶은 일반 대학생들의 경우와 마찬가지로 보고서 마감일과 과제물과 장래에 대한 압박감 등으로 가득 차 있었다. 그리고 미래에 관한 갖가지 질문이 그의 마음에 소용돌이치면서 밀어닥쳤다.

'무엇을 전공하지? 무슨 직업을 가질까? 나중에 이상형 여자를 만날 수 있을까?'

그러나 그는 스무 번째 생일을 맞이하기 직전, 인생의 향방을 결정할 것처럼 보이는 그런 중요한 질문에 제대로 대답하기도 전에 자동차 사고를 당했다. 디모데는 그렇게 세상을 떠났다.

다음은 첫째 아들 도널드 차례였다. 도널드는 성인이 되자 어린 시절의 꿈을 버리고 군에 자원입대하여 베트남 전쟁에 참가했다. 그는 비행기 조종사로 활약했다. 따라서 민간인으로 돌아온 뒤 그가 가장 자연스럽게 선택한 직업 역시 비행기 조종사였다. 비행기 조종석은 그의 사무실이자 안전지대였다. 그리고 슬프게도 이 땅에서의 마지막 장소도 되었다.

1972년 6월 23일, 동생 디모데가 교통사고로 세상을 떠난 지 7개월 뒤, 도널드는 활주로가 짧아 비상착륙한 비행기를 몰고 다시 이륙하여 정해진 위치에 제대로 안전하게 착륙시키라는 지시를 받았다. 그 역시도 안전한 착륙을 시도했지만 의도한 바를 이루지 못했다. 비행기가 지면에서 뜨자마자 다시 땅에 내려앉았기 때문이다.

산산조각 난 쇳조각들의 또 다른 더미! 상주喪主가 되어야 하는 또 다른 장례식! 한 해에 두 아들이 세상을 떠났다! 그녀는 가슴을 갈기갈기 찢어놓는 격통激痛에 연속으로 두 번 강타를 당했다. 한 어머니를 구타한 고통의 주먹은 사정을 봐주지 않았고 가차 없었다. 매우 집요하기까지 했다.

하지만 그 가련한 어머니의 희망 역시 집요했다. 갓난아기를 품에 안고 있든지 새로 판 무덤 옆에 서 있든지, 어느 날 작은 아들을 무덤에 묻었든지 그로부터 7개월 뒤에 큰아들을 다시 묻었든지, 그녀의 마음에는 속삭임 하나가 있었다. 그 속삭임은 더 대단한 것이 오고 있다는 함성을 질러댔다. 그 속삭임은 그녀 영혼의 닻이었고, 소망이었다.

예수님은 부활하셨다! 그녀의 아들들도 다시 살게 될 것이다. 그녀도 마찬가지다. 앨빈과 힐데가르드와 도널드와 디모데는 천국에서 행복하게 살게 될 것이다. 예수님과 함께, 영원토록 말이다!

이 이야기가 마치 동화처럼 들릴 수 있다. 그러나 그것이 바로 복음의 진리이다!

1. 당신 삶을 정직하게 돌아보며 대답해보라. 당신은 무엇에 희망을 걸고 있는가? 혹은 누구에게 희망을 걸고 있는가? 당신에 관한 이 질문을 당신 주변 사람들에게 물어보면 과연 그들은 무엇이라고 대답할 것 같은가?

2. 당신은 간혹 인생에 관하여 몽상에 잠기는 때가 있는가? 어쩌면 그것은 당신이 일시적인 것에 희망을 걸고 있음을 가리키는 표시일지 모른다. 당신 자신의 몽상을 검토해보라. 몽상 내용을 통해 당신이 무엇에 희망을 걸고 있었는지를 점검해보라.

3. 히브리서 기자는 우리가 그리스도인으로서 지니고 있는 소망에 관하여 "영혼의 닻"히 6:19 이라고 말한다. 당신은 어려운 환경의 한가운데 있을 때, 소망이 당신을 견고히 잡아주는 것을 감지하는가? 아니면 정처 없이 표류하기 시작하는 것을 느끼는가?

4. 그리스도 안에 있는 당신의 소망이 삶과 죽음을 바라보는 당신의 시각에 변화를 일으키고 있는가?

자비롭고 거룩하신 아버지시여!
아버지 안에서 소망을 갖게 하시니 감사드립니다.
예수님의 죽음과 부활로 인하여
저희가 가장 두려워하던 죽음마저도
이제 조금도 두렵지 않게 되었습니다.
인생의 힘든 시기가 찾아오고,
고통과 고난이 초대받지 않은 손님처럼
달갑지 않게 불쑥 나타날 때,
저희가 아버지 안에서 평안을 누리고, 아버지로 말미암아
소망을 품은 사람이라는 사실을 상기시켜주소서!
저희에게 집요한 소망을 허락하소서!
저희가 아버지 안에 있는 소망으로
삶과 죽음을 바라보는 방식을
철두철미하게 변화시키도록 도와주소서!
예수님의 이름으로 기도드립니다. 아멘.

11
CHAPTER

파문을 일으키는 은혜
전혀 가능성 없는 그 사람에게 베푸시는 은혜

교회 같은 데는 죽어도 가고 싶지 않네요

필립 얀시Philip Yancey, 1949-생존, 미국의 영성 작가는 《놀라운 하나님의 은혜》What's So Amazing About Grace라는 책에서 시카고의 노숙자들을 위해 사역하는 한 친구에게 들은 이야기를 다음과 같이 전한다.

창녀 하나가 나를 찾아왔네. 집도 없고 몸도 병든 데다 찢어지게 가난해서 두 살 먹은 딸아이 하나 먹여 살릴 수 없는 처지였지. 울먹이며 하는 이야기가 자기 딸을─두 살 된 애를─변태 섹스를 밝히는 남자들한테 돈을 받고 팔아 왔다는 거야. 딸의 몸을 한 시간만 팔면 자기가 하룻밤 버는 것보다 수입이 좋다나. 마약 먹을 돈을 대려면 어쩔 수 없다더군. 차마 듣기에도 끔찍한 이야기였네. 일단은 내게 법적인 책임이 생겼지. 아동 학대 사례는 무조건 신고하도록 돼 있으니까. 그 여자에게 무어라고 말해야 할지 모르겠더군.

교회에 가서 도움받아 볼 생각은 안 해봤냐고 겨우 물어봤지. 그 얼굴을 훑고 지나던 완전 충격의 표정, 평생 못 잊을 걸세. "교회요! 거긴 뭐하러 가요? 그러잖아도 비참해 죽겠는데, 가면 그 사람들 때문에 더 비참해질 거예요."

이 이야기를 책에서 본 후, 다음과 같이 질문하지 않을 수 없었다.

"한때는 소망의 복음이신 예수님을 향해 열심히 빠르게 달려왔던 사람들이 지금은 똑같은 속도로 열심히 예수님의 교회로부터 도망치고 있는 까닭이 무엇일까?"

우리는 이러한 곤란한 현실에 대해 그럴싸한 핑계를 둘러대거나, 이러한 경향에 대해 우리들 편에 유리하게 해명하거나, 혹은 반복적인 이러한 현상을 단순히 무시하기 위해 갖은 시도를 다할 수 있다. 그러나 아무리 감추려고 해도, 한때는 믿을 수 없을 만큼 예수님께 매료되었던 사람들이 지금은 여러 가지 경우에 예수님의 신부인 교회의 퇴짜를 맞고 있다는 진실은 여전히 그대로 남는다.

복음서에서 예수님은 죄인들의 친구로 지낸다는 비난을 최소한 한 번이상 받았다 막 2:13-17 참조. 그리고 예수님은 사람들의 비난 그대로, 자신이 죄인들의 친구라고 말씀하시곤 했다. 예수님이 계신 곳에는 사회에서 버림받은 사람들과 떠돌이 부랑자들과 무시당하는 사람들과 소홀히 여김을 당하는 사람들이 여지없이 함께했다.

예수님은 유대인들이 죄인으로 여기던 세관원의 집에 들어가 식사를 하였고, 예수님의 사역은 부분적으로 적어도 한 창녀의 물질적 후원을 받았으며, 예수님을 가까이에서 따르는 측근들의 일부는 당대 사람들이 보기에 단정함과 고상함과는 거리가 멀다고 여기는 뱃사람, 어부들이었다. 예수님을 따르던 무리 가운데는 결혼 경력이 다섯 번이나 되는 데다가 당시 여섯 번째 남자와 살고 있던 여인도 있었다. 또한 기묘한 일이거니와 예수님 옆에서 십자가에 달려 죽었던 강도強盜 역시도 마지막 순간에 예수님께 매료되었다.

이처럼 예수님이 사귀었던 많은 사람들은 세계 인명사전에 이름을 올릴 만한 이들이 결코 아니었다. 몇몇 사람들은 오히려 수배자 명단에 오를 가능성이 더 높아 보였다. 그러나 그들은 쇳가루가 자석의 자력磁力에 이끌리듯 예수님께 매료되었다.

은혜를 제대로 전하지 못하는 그리스도인

만일 예수님의 매력을 한 단어로 설명해야 한다면, 나는 당연히 '은혜'라고 말하고 싶다. 성경에 나오는 은혜라는 단어는 헬라어 '카리스'charis의 번역어로서 '분에 넘치는 호의 혹은 선물'을 뜻한다. 이처럼 은혜는 받을 만한 자격이 없는 것을 받는 것, 도저히 얻을 수 없는 것을 얻는 것이다. 이는 은혜에 대한 실제적인 정의이지만, 은혜는 말로 설명할 수 있는 것이 아니라 체험해야 알 수 있는 것이다.

신약 시대에 예수님의 뒤를 따라다녔던 사람들은 예수님께 가서 그분이 베푸시는 은혜를 체험하면 자신들의 삶이 영원히 변화될 수 있을 것이라고 믿었다. 하지만 오늘날 많은 사람들은 정반대의 심적 경향, 즉 "먼저 네 삶을 변화시켜라. 그런 다음에 예수님께 가라!"라는 사고방식을 지니고 있는 듯하다.

우리가 의식적으로 그런 식의 사고를 하고 있다고 말하지는 않겠다. 하지만 오늘날 수많은 사람들이 그렇게 생각하고 있다는 사실을 고려하면, 어딘가에서 그런 메시지를 전하고 있는 것이 분명하다. 당신은 다음과 같이 말하는 사람들을 만나본 적이 있을 것이다.

"교회에 갈 마음이야 늘 있었죠. 하지만 지금은 술을 먼저 끊기 위해 애쓰고 있는 중입니다!"

"물론 예수님을 제 삶에 모시고 싶어요. 하지만 제 삶에는 먼저 깨끗이 청소해야 할 것들이 너무나 많아요!"

어쩌면 당신도 이와 유사한 생각을 한 적이 있을지 모른다. 그러나 당신이 아무리 선한 의도로 이러한 사고방식을 받아들였다고 해도, 그것은 이렇게 말하는 것과 같다. "아픈 몸이 나으면 병원에 가겠어요!"

오늘날 그리스도인들에게 나타나는 은혜의 결여 현상, 즉 아무 조건 없이 주시는 예수님의 은혜를 세상 모든 사람에게 널리 드러내거나 전하지 못하는 현상은 세상 사람들을 예수님께 데려오는 데 전혀 도움이 되지 않는다. 아마 당신은 티셔츠나 자동차 범퍼에서 "나는 예수님을 사랑해요. 하지만 예수님을 따르는 사람들을 좋아하지는 않아요!"라는 문구를 본 적이 있을 것이다.

언젠가 혹자는 이렇게 말했다.

"기독교의 확산에 가장 심각한 장애가 되는 것은 그리스도인들이다!"

나는 위와 같은 진술들이 전적으로 타당하다고 보지 않는다. 또 그런 진술이 때로는 그리스도를 믿지 않는 것에 대한 핑계에 지나지 않는다는 것도 잘 알고 있다. 하지만 또한 거기에 어느 정도의 타당성이 담겨 있다고 본다.

예수님의 은혜를 제대로 전하지 못하는 오늘날의 몇몇 그리스도인들에 대한 일반 대중들의 인식을 기술하는 최선의 표현은 '비극적이다'라는 단어가 아닐까 싶다. 왜냐하면 기독교에서는 은혜의 중요성을 아무리 강조해도 지나치지 않기 때문이다. 혹자는 아무 조건 없이 주시는 예수님의 은혜를 강조하는 것도 중요하지만 인간의 순종을 강조하는 것 또한 중요하지 않느냐고 반문할지 모른다. 물론 그렇다. 그러나 그렇다고 은혜의 중요성이 감소되는 것은 결코 아니다.

또한 우리는 예수님이 말씀하신 대로, 값도 없이 받은 그 은혜를 동일하게 아무 조건 없이 다른 사람들에게 드러내고 전해야 한다 마 10:8 참조 사실 나는 이 문제를 지나칠 만큼 기꺼이 멀리 끌고 나가 "은혜가 없는 곳에는 기독교 신앙도 없다!"라고 말하고 싶다. 물론 성경이 직접적으로 그렇게 말하는 것은 아니다. 하지만 성경 곳곳에 그러한 함의含意가 내포되어 있다.

인격화된 은혜

"율법은 모세로 말미암아 주어진 것이요 은혜와 진리는 예수 그리스도로 말미암아 온 것이라"요 1:17.

이 구절이 말하는 것을 깊이 묵상해보라. 본질적으로 예수 그리스도는 인격화된 은혜였다. 더 구체적으로 말해서 예수님은 은혜가 없는 세상 안으로 은혜를 안내했다. 예수님의 생애와 사역에 대해 조금 공부해보면 그렇게 오랜 시간이 걸리지 않아 이와 동일한 결론에 이르게 될 것이다.

만일 AD 1세기에 '과학 수사대'가 있어서 수사관들이 예수님의 행적을 추적했다면 그들은 분명 예수님이 지나간 모든 현장에서 동일한 것들, 즉 은혜의 증거들을 발견했을 것이다. 만일 수사관들이 예수님의 일과 사역을 목격한 사람들을 탐문하여 조사했다면 장담하거니와 그들은 분명 '마음을 사로잡는다', '너무 놀라워서 숨이 턱 막힌다'를 비롯해 '당혹스럽다'라는 증언을 들었을 것이다. 사실 예수님 당시의 사람들은 은혜라는 개념 자체에 익숙하지 않았다.

위에서 나는 예수님이 은혜가 없는 세상 안으로 은혜를 안내했다고 말했다. '은혜가 없는 세상!' 그것이 바로 AD 1세기의 세상에 대한 정확한 묘사이다. 그 당시는 '눈에는 눈, 이에는 이'의 원칙이 지배하는 사회였고 받을 만한 자격이 있는 만큼만 받을 뿐 그 이상도 이하도 받지 않는 세상이었다. 당시 사람들은 율법으로 살고 율법으로 죽었다. 그러므로 예수라는 이름의 한 사람이 와서 은혜로 정의되는 일과 사역을 펼쳤을 때, 그것이 당시 사람들의 정서에 몹시도 거슬렸으리라는 것은 자명하다.

바리새인과 창녀와 예수님

만약에 당시의 유대인 가운데 어떤 사람이 누가복음 7장에 기록된 한 가지 사건을 직접 목격했다면 거기에서 예수님이 보인 행동을 심히 '불명예스러운 행동'이라고 기술하였을 것이다. 그 사건은 한 바리새인이 예수님을 자신의 집으로 초대하여 식사를 대접하는 일로부터 시작된다. 그 사소한 일 하나만으로도 주목할 가치가 있다. 예수님과 바리새인들은 물과 기름처럼 서로 잘 섞이지 못하였는데 AD 1세기의 문화에서 음식을 같이 먹는다는 것은 매우 친밀한 관계를 의미했기 때문이다.

아무튼 우리는 예수님이 그 바리새인의 집에 들어가 식탁에 비스듬히 기대 누워 계신 장면부터 따라가보자.

"그 동네에 죄를 지은 한 여자가 있어 예수께서 바리새인의 집에 앉아 계심을 알고 향유 담은 옥합을 가지고 와서 예수의 뒤로 그 발 곁에 서서 울며 눈물로 그 발을 적시고 자기 머리털로 닦고 그 발에 입맞추고 향유를 부으니"눅 7:37,38.

이 대목에서 이야기를 잠깐 정지시키겠다. 이 구절에 함축적 의미가 가득 들어 있기 때문이다. 이 장면과 거기 관계된 등장인물은 한 편의 영적인 드라마를 연상시킨다.

여기 바리새인이 있다. 그는 자신이 영적으로 모든 문제를 해결했다고 사람들에게 알리면서 행복감에 젖어드는 그런 유형이다. 그는 무슨 기도를 해야 하는지 그리고 언제 그런 기도를 해야 하는지 잘 알고 있다. 그는 성전에 돈을 바친다. 구약성경의 많은 구절을 암기하고 있다. 일종의 영적인 이력서 역할을 하는, 기다란 여분의 장식 술들을 칭칭 늘어트린 기도용 숄을 갖고 있다. 한 마디로 정의한다면 그는 종교적으로 경건한 사람이다.

여기 또 예수님이 있다. 당시 예수님은 유대 종교 당국자들에게는 점점 중대되는 반발을 사고 있는 반면 일반 대중들에게는 빠른 속도로 인기를 얻어 나가고 있었다. 사람들은 그 사람이 자칭 하나님이라고 공공연히 주장한다고 수군거렸다. 혹자는 미쳤다고 단정하거나 곧 시들시들 사라지고 말 또 하나의 혁명당원에 지나지 않는다고 결론지었다. 반면에 다른 사람들은 그 사람이 정말로 하늘에서 내려왔다고 단호히 주장했다. 어떤 경우이든 예수라는 사람은 그 당시 모든 대화의 중심에 있었다.

여기 또 한 여인이 있다. 우리는 그녀가 죄악의 삶을 살았다는 것 외에 아는 것이 거의 없다. 정황적 증거들은 그녀가 창녀였음을 암시한다. 그렇게 볼 때, 그녀가 마을 전체에 잘 알려져 있던 까닭과 정숙한 부녀들처럼 머리카락을 너울로 감추지 않고 늘어트리고 다녔던 이유가 설명된다.

그렇다면 그런 신분의 여인이 어떻게 엄격한 율법주의자 바리새인 시몬의 집에 들어갈 수 있었던 것일까? 중요한 질문이다. 여기에는 타당한 근거가 있다. 당시 유대 사회에서는 그와 같은 잔치가 열릴 때 누구나 들어

와서 잔치를 구경하고, 때로는 손님들과 이야기도 나누며, 남은 음식을 싸갈 수 있도록 허락을 받았다. 그 여인 또한 그와 같은 관습 덕분에 예수님 곁에 올 수 있었을 것이다.

하지만 그녀는 예수님 가까이 서 있는 것에 만족하지 않았다. 그녀는 눈물로 예수님의 발을 적셨고, 자신의 머리카락으로 그 눈물을 닦아냈으며, 예수님 발에 향유를 붓기 시작했다. 바로 그 순간, 그 방에 무거운 침묵이 내려앉았고 예수님이 어떻게 반응하는지 확인하기 위해 모든 시선이 예수님께 고정되었다.

"예수를 청한 바리새인이 그것을 보고 마음에 이르되 이 사람이 만일 선지자라면 자기를 만지는 이 여자가 누구며 어떠한 자 곧 죄인인 줄을 알았으리라 하거늘 예수께서 대답하여 이르시되 시몬아 내가 네게 이를 말이 있다 하시니 그가 이르되 선생님 말씀하소서"눅 7:39,40.

바리새인 시몬은 예수님이 이미 자기 마음을 읽고 있었다는 사실을 전혀 알아차리지 못했다. 예수님은 시몬이 예수님을 깔보면서 섣부르게 판단하고 있다는 사실을 알고 계셨다. 그가 "선생님 말씀하소서"라고 말하자 예수님은 계속 말씀하셨다.

"이르시되 빚 주는 사람에게 빚진 자가 둘이 있어 하나는 오백 데나리온을 졌고 하나는 오십 데나리온을 졌는데 갚을 것이 없으므로 둘 다 탕감하여 주었으니 둘 중에 누가 그를 더 사랑하겠느냐 시몬이 대답하여 이르되 내 생각에는 많이 탕감함을 받은 자니이다 이르시되 네 판단이 옳다 하시고"눅 7:41-43.

바리새인 시몬은 예수님의 질문에 옳게 대답했다. 그러나 그가 예수님의 가르침을 제대로 깨달았는지 확인할 길은 없다. 하지만 이 사건에서 더 중요한 사실은 우리가 예수님이 여기서 가르치신 원칙을 정확히 파악하고 있느냐 하는 것이다.

바리새인 시몬과 창녀인 것이 확실해 보이는 그 여인은 자신들의 빚을 갚을 능력을 갖고 있지 못했다. 그들은 둘 다 똑같이 예수님의 전적인 은혜 아래 있었다. 예수님이 그 여인으로 하여금 자신의 몸을 만지도록 허락하셨을 때, 바리새인 시몬의 식사 초대에 응하심으로써 자신을 낮추신 것보다 조금이라도 더 낮게 자신을 낮추신 것이 아니었다. 예수님이 바리새인 시몬과 함께 식사를 하기로 동의하신 것도, 그 여인으로 하여금 예수님 몸을 만지게 허락하신 것도 '똑같이 낮게' 자신을 낮추신 은혜였다. 예수님에게는 그 두 가지 모두가 동일한 자기 낮춤의 발로였다.

바리새인 시몬도 그 사건을 그런 시각으로 바라보았을까? 그렇지 않았다. 당신은 그 사건을 어떤 시각으로 보는가?

시몬 콤플렉스

앞에서 나는 오늘날 몇몇 그리스도인들이 보이는 은혜의 결여 현상으로 인해, 즉 몇몇 그리스도인들이 예수님의 은혜를 풍성하게 드러내지도 못하고 전하지도 않아서 세상 사람들이 교회에 대한 흥미를 잃는 경향이 있다고 말한 바 있다.

하지만 나는 그것이 교회가 당면한 실제적인 문제라고 보지 않는다. 나는 교회로서 우리의 가장 심각한 문제는 은혜에 관한 일반적 오해라고 생각한다. 그 오해는 내가 '시몬 콤플렉스'라고 칭하는 증상 가운데 하나이다.

시몬 콤플렉스는 예수님의 은혜가 '나를' 깨끗하게 하고 구원하여 변화시키기에 충분하지만, '다른' 어떤 사람들을 깨끗하게 하고 구원하여 변화시키기에는 충분하지 않을 수도 있다고 믿게 만든다. 그렇게 우리는 하나님의 은혜에 한계선을 정하기 시작한다.

물론 우리는 대놓고 공공연히 하나님의 은혜에 한계선을 그을 만큼 어리석지 않다. 하지만 우리는 죄에 대한 등급을 매김으로써 하나님의 은혜에 미묘한 한계를 설정한다. 일례로 우리는 일상적으로 범하는 죄들, 이를테면 험담 같은 죄를 우리 자신이 범하였을 때 그다지 심각하게 여기지 않는다. 우리는 그런 죄를 돗자리 밑에 슬쩍 쓸어 담아 숨기기도 하고 아무렇지도 않게 무시하기도 한다. 그러나 특수한 죄들, 이를테면 살인이나 성적 불륜이나 강간 같은 죄들을 다른 사람이 범하였을 때 전혀 다른 범주로 분류한다.

물론 우리가 하나님의 은혜에 한계선을 긋는 그런 행위를 공공연하게 하는 것도 아니고, 의도적으로 하는 것도 아니다. 하지만 우리가 다른 사람을 사랑하거나 사랑하지 않는 경향을 보일 때, 혹은 용서하거나 용서하지 않는 경향을 보일 때 그러한 태도를 은연중에 노출하고 있음은 분명하다. 우리가 반드시 말로는 아니더라도 은연중의 행동으로 평평한 모래 위에 굵은 선 하나를 긋는 것이다. 하나님의 은혜에 한계선을 정하는 것이다. 그리고 그 선은 우리들 자신은 은혜의 범위 안에 언제나 포함될 수 있게 최대한 관대하고 너그럽게 그어지지만, 다른 사람들 혹은 특정한 유형의 죄인들은 그 범위 안에 들어오지 못하도록 매우 엄격하고 엄정하게 긋는다.

이것이 시몬 콤플렉스이다. 바리새인 시몬이 보였던 반응을 다시 읽어보자.

"예수를 청한 바리새인이 그것을 보고 마음에 이르되 이 사람이 만일 선지자라면 자기를 만지는 이 여자가 누구며 어떠한 자 곧 죄인인 줄을 알았으리라 하거늘"눅 7:39.

바리새인 시몬은 예수님의 은혜에 한계를 정했다. 그 여인은 그 한계 밖에서 안쪽을 들여다보고 있었다. 그녀는 너무나도 죄가 큰 여자였다. 그녀의 죄는 위험한 변종變種, 10등급의 중죄였다.

바리새인 시몬은 하나님의 은혜에 테두리를 둘렀다. 이번 장 초두에서 제기했던 질문을 다시 상기해보겠다.

"한때는 소망의 복음이신 예수님을 향해 열심히 빠르게 달려왔던 사람들이 지금은 똑같은 속도로 열심히 예수님의 교회로부터 도망치고 있는 까닭이 무엇일까?"

나는 의사가 아니다. 그러나 오늘의 교회가 전반적으로 시몬 콤플렉스에 걸린 것 같은 느낌을 지우지 못하겠다. 우리가 하나님의 은혜에 임의로 지나치게 많은 한계를 정하고 있기 때문이다. 그 결과로 세상 사람들이 더는 우리를, 예수님이 본래 교회를 세울 때 의도하셨던 은혜의 오아시스로 여기지 않는 것 같다.

시몬 콤플렉스 치료법

고든 맥도날드Gordon MacDonald, 미국의 복회사, 신학자는 말했다.

"세상은 교회가 무슨 일을 하든지 거의 다 할 수 있다. 혹은 더 좋은 일들을 할 수 있다. 그리스도인이 되어야만 집 없는 사람들에게 거처를 마련해주고, 굶주린 사람들을 먹이며, 병자들을 치료해줄 수 있는 것은 아니다. 그런 일들은 세상도 잘한다. 하지만 세상이 할 수 없는 것이 하나 있다. 세상은 은혜를 내놓지 못한다."

교회로서의 우리가 세상과 구별되는 독특한 점 하나가 있다면, '우리들 가운데서 하나님의 은혜를 발견할 수 있다!'는 사실이 되어야 할 것이다. 세상과 구별된 삶을 살기 위해서 우리는 시몬 콤플렉스우리는 하나님 은혜의 범위 안에 있지만 다른 어떤 사람들은 그렇지 못하다는 생각에 걸렸음을 인정해야 하는 동시에 또 그것과 싸워야 한다.

시몬 콤플렉스의 치료법에는 두 가지가 있다. 첫째는 우리 자신의 상태를 지속적으로 상기하는 것이다.

나는 지난 오랜 세월 동안, 교회 안에서나 밖에서나 알코올중독자 치료 모임에 참여하고 있는 사람들을 많이 만났다. 한번은 지인이 자신의 금주 30주년 축하행사가 있다면서 자신이 참가하고 있는 알코올중독자 모임에 나를 초대했다. 나는 초대에 응하여 그 모임에 참석하였고 거기서 일어나는 일들에 매료되었다. 공동체적인 분위기가 매우 인상적이었고 구성원에게 요구되는 상당 수준의 책임성에 감명을 받았다. 그리고 한 가지 매우 특이한 점은, 어쩌면 당신도 이미 알고 있는지 모르겠지만 누구든지 모임의 나머지 구성원들에게 무슨 말을 할 때마다 다음과 같은 양식을 따라 자신의 신원을 밝혔다는 점이었다.

"안녕하세요. 제 이름은 아무개입니다. 저는 알코올중독자입니다."

나를 모임에 초대한 사람은 그렇게 함으로써 알코올중독이 지속적인 싸움이 필요한 하나의 질병임을 본인들에게 상기시켜주는 것이라고 설명했다. 그뿐만이 아니었다. 그런 방식으로 자신의 신원을 밝히면 모두가 차별 없이 동등한 입장에서 서로를 대하고, 서로의 처지에 공감하여 연민을 느끼는 따사로운 분위기가 조성될 것이다.

아마 오늘의 교회에 무엇보다 필요한 것이 바로 그런 것, 즉 우리 자신의 모습을 있는 그대로 지속적으로 밝히고자 하는 자발성과 우리 자신의 상태에 대해 정직해지고자 하는 자발성이 아닐까 싶다. 이런 발언이 다소 이상주의적임을 모르는 바가 아니다. 하지만 교회가 그 안에 사람들이 정말로 투명해지고 솔직해져서 "안녕하세요? 저는 아무개입니다.

저는 날마다 죄와 싸우고 있습니다. 하지만 저는 은혜로 구원받았습니다!"라는 말로 기꺼이 자신들의 신원을 밝히는 곳이 될 때, 우리 모두가 신선한 공기 한 모금을 한껏 들이마실 수 있지 않을까?

극구 강조하거니와 '교회'는 어떤 건물이나 장소가 아니라 곧 믿음을 가진 우리들을 뜻한다. 그리고 위와 같은 방식으로 우리의 신원을 밝히는 것은 이상주의적 발상이 아니다. 그것은 성경적, 신학적으로 정확한 소개법이다.

"그는 허물과 죄로 죽었던 너희를 살리셨도다 그때에 너희는 그 가운데서 행하여 이 세상 풍조를 따르고 공중의 권세 잡은 자를 따랐으니 곧 지금 불순종의 아들들 가운데서 역사하는 영이라 전에는 우리도 다 그 가운데서 우리 육체의 욕심을 따라 지내며 육체와 마음의 원하는 것을 하여 다른 이들과 같이 본질상 진노의 자녀이었더니 긍휼이 풍성하신 하나님이 우리를 사랑하신 그 큰 사랑을 인하여 허물로 죽은 우리를 그리스도와 함께 살리셨고 (너희는 은혜로 구원을 받은 것이라)"엡 2:1-5.

바울은 이 편지를 에베소교회의 성도들에게 보냈다. 나의 개인적 추측이지만 만일 당신이 바울을 직접 만난다면 그는 분명 다음과 같이 자신을 소개할 것이다.

"안녕하세요. 저는 바울이에요. 저는 날마다 죄와 싸우고 있어요. 하지만 저는 은혜로 구원받았습니다!"

심지어 바울은 믿음의 아들 디모데에게 보내는 편지에서 자신을 '죄인 중에 괴수'라고 일컫기도 했다딤전 1:15 참조. 바울은 오늘날 당신에게 이렇게 말할 것이다.

"하나님의 은혜가 나를 구원할 수 있었다면, 당신도 구원할 수 있으며 그 어떤 사람이라도 구원할 수 있습니다!"

이처럼 우리 자신의 상태에 대해 정직해지고 또 우리가 하나님의 은혜에 전적으로 의존되어 있음을 인정해야 한다. 그러면 우리는 다른 사람들을 동일한 태도로 대하게 될 것이며, 무한하신 하나님의 은혜를 모든 사람들에게 무한대로 확장하게 될 것이다.

하나님 은혜의 범위를 확장하라

이는 결국 시몬 콤플렉스의 두 번째 치료법으로 우리들을 안내한다. 두 번째 치료법은, 우리가 하나님 은혜의 범위를 실제적인 방법으로 의도적으로 기꺼이 확장해야 한다는 것이다.

하나님의 은혜가 그 어떤 인간에게라도 미칠 수 있다고 단순하게 믿는 것으로는 충분하지 않다. 우리는 교회로서 하나님 은혜의 그릇이 되라는 부름을 받았다. 그리고 우리가 하나님 은혜의 범위를 기꺼이 확장하려고 하지 않는 한, 하나님 은혜의 범위가 확장되는 일은 결코 일어나지 않을 것이다.

단도직입적으로 말하겠다. 우리 모두는 하나님 은혜의 범위에 제멋대로 한계를 정한다. 임의로 뚜렷한 선들을 그어 하나님 은혜의 범위를 한

정한다.

어쩌면 당신은 당신이 그런 선들을 그었다는 사실을 알아차리지 못했을지 모른다. 그러나 충분히 깊게 숙고하고 충분히 정직해진다면 그런 선들을 발견할 수 있을 것이다. 물론 나도 예외가 아니다.

그러므로 우리가 물어야 할 실제적인 질문은 우리가 하나님 은혜 둘레에 그러한 선들을 그었느냐 긋지 않았느냐 하는 것이 아니라 어떤 사람들에게 그러한 선들을 그었느냐 하는 것이다. 즉, 우리가 어떤 사람들을 하나님의 은혜 안에 들이지 않고 있느냐 하는 것이다.

바리새인 시몬의 경우를 보자. 그는 하나님의 은혜가 매춘(賣春)의 삶을 살고 있는 게 거의 확실한 부정한 여인을 덮을 수 있다는 것을 믿을 수가 없었다. 시몬이 생각하기에 그런 여자는 하나님 은혜의 한계선 바깥쪽에 서 있어야 했다.

당신이 생각하기에 하나님 은혜의 한계선 바깥쪽에 서 있어야 하는 사람들은 누구인가? 특정한 사회계층인가? 특정 유형의 사람들인가? 아니면 당신이 적절하다고 생각하는 것과 전혀 다른 방식의 삶을 살고 있는 사람들인가? 당신은 어떤 사람들을 하나님 은혜의 한계선 바깥쪽에 세워두고 있는가? 동성연애자 집단인가? 당신은 그들의 생활방식에 질겁하여 하나님 은혜를 그들에게 확장하는 것을 상상조차 못할 일로 간주할지 모른다. 어쩌면 당신은 사회의 불안 요소로 작용하고 있는 불법 이민자들을 하나님 은혜에서 배제하기 위해 선을 긋고 있을지도 모른다. 혹은 단순히 정치적 견해가 다른 사람들 혹은 유색인종을 하나님 은혜에서 배제하기 위해 그런 선들을 긋고 있을지 모른다. 아무튼 당신은 어떤 사람들을 하나님 은혜의 한계선 바깥쪽에 세워두고 있는가? 어떤 사람들을 하나님 은혜 안에 들이지 않고 있는가?

몇 해 전, 이런 내용의 설교를 준비하고 있을 때였다. 나 자신을 거울에 비추면서 위와 동일한 질문들을 던지지 않을 수 없었다. 설교자로 살 때 괴로운 부분 가운데 하나는 강단에서 전하는 말들을 직접 실천하여 본을 보이거나 적어도 노력해야 한다는 것이다. 나는 가장 정직하게 나 자신을 돌아보면서, 내가 과연 어떤 사람들을 하나님 은혜에서 제외하고 있는지 생각해보았다.

'아이를 해치는 사람들, 아이에게 심하게 상처를 주는 사람들, 아이를 죽이는 사람들'을 제외시키고 있는 나의 모습을 발견했다.

어떤 방문

S 박사의 진료소 주차장에 들어섰던 날이 지금도 기억난다. S 박사는 이란Iran 출신의 이슬람교도였다. 그리고 그는 낙태 시술 의사였다.

병원이 있는 건물은 당장이라도 무너져 내릴 듯 낡았고, 낙태 진료소라는 이름에 딱 어울릴 만큼 음침하고 허름했다. 우편함은 출입문 옆에 나사 하나로 대롱대롱 매달려 있었고 출입문은 낯선 방문객을 안으로 들이면서 '끼익' 괴로운 신음을 냈다.

나는 대기실로 들어섰다. 문을 열고 들어오면서 느꼈던 분위기만큼이나 흐릿하고 어두운 조명이 켜져 있었다.

당신은 내가 왜 거기에 갔는지 궁금할 것이다. 나는 선물 몇 개를 손에 들고 있었다. 그 의사와 단 몇 분이라도 대화할 기회를 얻기 위해서였다. 나는 비록 개인적으로 그의 직업에 찬동하지는 않았지만, 열정적으로 그를 사랑하시는 하나님과 구세주가 계시다는 사실을 알려주고 싶었다.

그런 계획을 갖고 그의 진료실을 찾아가는 것은 영웅적 행위로 보일 수도 있다. 하지만 그다지 어렵지 않았다. 왜냐하면 이란 출신의 이슬람교를 믿는 그 낙태 시술 전문의가 나를 만나줄 것을 기대하고 간 것은 아니기 때문이다. 그래서 나는 그를 만날 기회를 얻게 될 경우에 할 말들을 꼼꼼하게 정리하지 않고 그냥 갔다.

접수 계원에게 방문 목적을 조용히 설명했다. 그녀는 당혹스러운 표정으로 나를 보더니 대기실과 진료실 사이에 있는 창문을 닫았다. 대기실에 앉아 기다리는데 공동묘지에 앉아 있는 것 같은 묘한 느낌이 들었다.

나는 그녀가 다시 돌아와, 의사가 나를 만나고 싶어 하지 않는다는 말을 전해줄 것이라는 예상을 하고 있었다. 따라서 그녀가 문을 열고 진료실로 들어오라고 손짓했을 때 기절할 듯 어리벙벙해졌다. 그렇게 나는 텅 빈 진료실에 들어가 앉았다. 쿵쿵거리는 심장이 가슴 밖으로 튀어나올 것 같았다.

'내가 지금 여기서 뭘 하고 있는 거지? 그에게 무슨 말을 하지?'

마침내 그가 문을 열고 성큼성큼 진료실 안으로 들어왔다. 그 바람에

벽에 걸린 자격증과 사진 액자들이 덜걱덜걱 흔들렸다. 그가 책상에 앉더니 사무적인 어조로 방문 목적을 물었다. 나는 어지간히 떨리는 목소리로, 그리스도인들이 과거에 그를 대하였던 방식에 대해 사과할 목적으로 찾아왔다고 설명했다. 그는 내가 진짜 방문 목적을 말할 때까지 기다리면서 조용히 나를 응시했다. 잠시 정적이 흐른 뒤에 그가 다시 물었다.

"여기 오신 진짜 목적이 무엇입니까?"

내가 대답했다.

"핵심을 말씀드리자면 제가 선생을 사랑하고 또 예수님도 선생을 사랑하신다는 것을 알려드리고 싶었습니다!"

그는 당혹스러운 표정을 지었고 그 표정은 점차 고통스럽게 일그러졌다. 잠시 후 그의 눈에서 눈물이 방울방울 떨어졌다. 그는 자신의 진료소를 찾아와 낙태 시술을 받은 젊은 엄마들의 이야기를 하였고 자신은 그녀들의 자궁 안에서 자라고 있는 생명들을 파괴함으로써 그녀들을 돕고 있다고 말했다.

그러나 그가 모르는 사실이 하나 있었으니, 낙태 시술을 받은 여인들이 나를 찾아와 한 생명이 말 그대로 그녀들의 체외로 빨려 나갈 때 느꼈던 그 가슴 찢어지는 고통에 대해 눈물과 콧물을 펑펑 쏟으면서 토로한다는 것이었다. 이런 것들은 그야말로 사탄이 즐기는 잔인한 게임이다.

또한 그는 대화를 나누던 중, 자신이 아이를 낙태시키는 것을 치과의사가 썩은 치아를 뽑는 것에 비유하기도 했다. 흥미롭게도 그는 내가 그 말에 찬동해주기를 열렬히 갈망하는 듯 보였지만 그렇게는 할 수 없었다. 하지만 내가 그를 찾아간 목적이 비난하기 위해서가 아니라 사랑을 보여주기 위해서였기 때문에 가혹한 비판은 하지 않았다.

그렇게 한 시간쯤 지났을 때, 간호사 한 사람이(그녀는 그의 전 부인이었다) 불쑥 문을 열고 들어와, 나를 위아래로 훑어보면서, 환자들이 대기하고 있으니 손님은 그만 돌아가는 게 좋겠다는 뜻을 비쳤다. 그녀가 밖으로 나갔을 때 내가 말했다.

"실세는 따로 있었군요!"

농담이었다. 하지만 그렇게 말하고 싶었다.

의사가 자리에서 일어났다. 내가 다시 말했다.

"한 가지만 더 말씀드리고 싶습니다. 저희 그리스도인은 저희의 입장을 다른 사람에게 알리는 데 대단히 빠릅니다. 따라서 저희가 그리스도인으로서 무엇을 반대하는지 잘 알고 계실 것입니다. 하지만 저희가 무엇을 옹호하고 있는지 알고 계십니까?"

두 팔을 벌리고 그들에게로 가자

그는 어리둥절한 표정을 짓더니 고개를 가로저으며 모르겠다고 대답했다. 내가 말했다.

"저희는 예수님을 따르는 자들로서 사랑과 평화와 인내와 친절과 온유함과 절제에 힘쓰고 있습니다."

나는 그와 함께 기도하고, 그를 우리 교회에 초대한 뒤에 그곳을 떠났다. 그 다음 주일 아침, 메시지를 전하러 강대상 앞으로 나간 나는 숨이 턱 막히고 말았다.

좌중을 둘러보던 중, 맨 앞줄에 앉아 있는 S 박사를 보았기 때문이다. 예배를 마친 뒤에 우리는 내 집무실에 앉아 성경과 예수님에 관한 이야기를 나누었다. 이후 몇 주 동안 그는 말씀을 들으러 계속 예배당을 찾았고 우리는 매주 내 집무실에 앉아 서로 토론하면서 시간을 보냈다.

이 이야기는 "그가 예수님과 사랑에 빠지는 것으로 아름답게 종결되었다"라고 말하고 싶지만 안타깝게도 그런 일은 아직 일어나지 않았다. 하지만 그 사건은 내가 하나님 은혜의 범위를 실제적인 방법으로 확장하기 위해 힘썼다는 중대한 의미를 가졌다. 그뿐만이 아니다. 그 사건은 내가 시몬 콤플렉스에서 조금씩 회복되고 있음을 시사했다.

이제 당신에게 묻겠다.

"하나님 은혜의 범위를 확장하기 위해 당신이 방문해야 할 사람은 누구인가? 찾아가야 할 곳은 어디인가? 사무실인가? 집인가?"

위의 질문에 정직하게 대답하라. 그리고 주저하지 말고 가라. "만약에 …되면 어떻게 하지?"라고 질문하지 말라. 그런 질문들에 빠져 기회를 잃지 말라. 그냥 가라! 걸어가든지, 비행기를 타고 날아가든지, 자동차를 몰고 가든지, 뛰어가든지, 어떻게 해서든 가라!

빨리, 너무 늦기 전에 가야 한다!

예수님은 교회라 불리는 이 운동을 처음 시작하셨을 때 자신을 따르는 사람들이 예수님 뜻대로 제대로 살아가기를 바라셨다. 그리하여 이 세상 사람들이 아프고 깨어질 때, 좌절하여 공허해질 때나 인생의 밧줄 끝에 대롱대롱 매달리게 되었을 때, 또 한 번의 기회나 새로운 출발이 절실히 필요할 때 주저하지 않고 두 팔을 벌려 교회를 향해 달려올 수 있게 되기를 꿈꾸셨다.

장소가 아니라 사람에게 말이다! 예수님은 주일뿐 아니라 평일 언제라도 환영하신다!

이 순간 간절히 소망한다. 세상 사람들이 교회를 향해 달려오게 되기를 꿈꾼다! 그리고 그들이 교회를 향해 달려올 때 우리 역시도 달려가기를 꿈꾼다! 그들을 피해서가 아니라 그들에게로 달려가기를 소원한다! 두 팔을 활짝 벌리고 환영하기를 바란다! 우리가 두 팔을 벌릴 때 세상에 파문을 일으키는 은혜가 일어난다.

예수님께 물어보라. 예수님은 알고 계신다. 예수님은 그것을 증명할 흉터를 갖고 계신다!

1. 시몬 콤플렉스가 당신 삶에 어떤 영향을 끼치고 있는가? 당신은 어디에 한계선을 그었는가? 누구를 하나님 은혜의 바깥쪽에 세워두고 있는가?

2. 당신이 주변 세계에 하나님 은혜의 범위를 의도적으로 확장할 수 있는 방법들은 무엇인지 말해보라.

3. 오늘 이 시대의 많은 사람들이 교회에 의해 거부당하고 있는 것처럼 느끼는 이유가 무엇이라고 생각하는가? 교회에 대한 세상 사람들의 그러한 인식을 변화시키려면 어떻게 해야 하는가?

4. 어쩌면 당신은 어떤 지역 교회나 특정한 그리스도인들에 의한 부정적인 경험으로 인해 기독교 신앙을 받아들이기를 꺼림칙하게 여기고 있는지도 모른다. 그런 체험에 대해 이야기해보라. 그런 체험이 교회에 대한 당신의 인식에 어떤 영향을 끼쳤는지 말해보라. 기독교 신앙을 받아들이려면 그런 부정적인 체험을 어떻게 처리해야 하는가?

자비롭고 거룩하신 아버지시여!
저희의 삶에 부어주신 은혜를 감사드립니다.
말씀에 기록된 바와 같이
저희가 오직 믿음으로 구원받았음을 믿습니다.
저희가 값없이 하나님 은혜를 받았으니
값없이 다른 사람에게 전할 수 있게 가르쳐주소서!
깨닫는 눈을 허락하시어
저희가 어디에 선을 그어 특정한 사람을
하나님 은혜에서 배제하고 있는지 분별할 수 있게 하소서!
이웃이나 지역 사회에 하나님 은혜의 범위를 확장하는 일에
저희를 써주소서!
아버지께 아무 값없이 은혜를 받았으면서도,
자격이 있어서 받은 양 으스대거나 우쭐대지 않게 지켜주소서!
예수님의 이름으로 기도드립니다. 아멘.

12
CHAPTER

미친 것 같은 사랑

어떠한 상황에서도 끝까지 지치지 않는 사랑

말로는 표현되지 않는 사랑의 힘

"사랑"love.

사전에 기록된 모든 단어들 중에 이보다 더 자주 사용되거나 남용되는 단어는 없는 것 같다. 예를 들면, 내가 지난 몇 주 동안 사랑한다고 말한 것들을 나열해보면 다음과 같다.

'초콜릿 음료, 이탈리아식 고기양념 피자, 새로 생긴 퓨전 중국 식당, 미식축구, 내 아내(이 항목들을 특별한 순서대로 나열한 것은 아니다), 나의 두 아들, 성탄절에 받은 새 양말 등.'

바로 이런 것들이 바로 내가 최근에 '사랑한다'는 단어를 사용한 방식이다. 내게 손가락질을 하기 전에 당신의 목록도 한번 작성해보라. 손가락질을 당해야 할 사람이 나만은 아닐 것이다.

우리가 기름기가 반들반들 도는 먹음직한 음식에 대한 느낌을 묘사하거나 자신의 배우자에 대한 느낌을 묘사하면서 '사랑'이라는 동일한 단어를 사용한다는 사실은 아무래도 좀 문제가 있는 것 같다.

나는 언어의 대가가 아니다. 그런 사람이 있는지는 잘 모르겠지만 아무튼 우리가 사랑이라는 단어를 대체할 새로운 단어를 만들어야 할 필요가 있는 것 같다. 오늘날 많은 사람들이 '사랑한다'love는 단어를 '좋아한다'like는 뜻으로 쓰고 있기 때문이다.

사실 아내와 나는 결혼하기 전에 '사랑'이라는 단어를 대체할 새 단어를 고안한 적이 있었다. 그녀와 한창 데이트를 하던 시절의 어느 시점, 그녀는 나를 좋아하는 것 이상이었지만 사랑한다고 말할 준비는 되어 있지 않았기에(실제로는 사랑하고 있었으면서), 어느 날 내게 말했다. "자기를 lyve해"(사랑한다는 뜻의 'love'에서 모음 'o'를 'y'로 바꾸어 표현한 것임. —역자 주). 그 말을 듣고 "그러면 그렇지!" 하며 기쁨의 탄성을 질렀던 것이 기억난다.

그런 순간은 보통 예쁜 그림엽서에 실려 날아온다. 어쩌면 우리 모두가 어떤 것이 정말, 매우, 대단히 좋지만 사랑이라는 단어가 약간 강하고 지나친 듯 느껴질 때, 'lyve'라는 단어를 쓰기 시작해야 하는 것인지도 모르겠다. 내가 솔선하여 시범을 보이겠다. "나는 이탈리아식 고기양념 피자를 lyve한다!" 써놓고 보니 아무래도 대중들의 호응을 얻기는 힘들 것 같다.

사랑이라는 단어는 왜곡되어 왔고, 손상되어 왔으며, 희석되어 왔다.

명백한 사실이거니와 '사랑'이라는 단어는 가장 순수하고 정결한 의미로 사용될지라도 사랑이라는 개념을 정확히 포착해내는 데는 역부족이다. 사랑의 위엄과 경이로움을 단일한 하나의 표현으로 축소시키려 애쓰는 것은 태평양 바닷물을 장난감 양동이에 담으려고 애쓰는 것과 같다. 사랑의 힘과 본질을 전달하는 데는 한 단어 이상의 단어들이 필요하다. 어떤 사람과 가까워지는 데만도 정말 많은 단어들이 필요하다.

하나님이라면 그렇게 하고 싶으실까

성경을 읽으면서 하나님의 사랑의 형적形跡을 추적해보라. 그러면 하나님의 사랑이 가장 깊은 바다보다 더 깊고, 가장 높은 산봉우리보다 더 높으며, 우주 이쪽 끝에서 저쪽 끝보다 더 광대하다는 것을 발견할 것이다. 또한 인간을 향한 하나님의 사랑이 강렬하고, 집요하며, 끝이 없다는 것을 깨달을 것이다. 그리하여 마침내 하나님의 사랑이 차고 넘치는 사랑이며, 무조건적인 사랑일 뿐 아니라 원인이나 이유에서 기인하지 않은 진정한 사랑이라고 결론지을 것이다.

하나님께서는 인간을 얼마나 사랑하시는지 보여주기 위해 창조의 시작 때부터 모든 것들을 다하셨다. 누군가를 진정으로 사랑하는 사람은 보여주고 말하는 법이다. 하나님께서도 그렇게 하셨다. 구약성경 호세아서에 이야기의 한 대목이 나온다. 하나님께서는 인간들을 지극히 사랑하신다. 하나님께서는 그 사실을 인간들에게 알려주기를 갈망하신다. 그러나 그렇게 하려면 말 이상의 무엇이 필요하다는 것을 아신다. 그리하여 호세아 선지자에게 정말 괴상한 어떤 일을 행하라고 명하신다. 그가 사는 도시의 가장 추잡스러운 동네로 가서 고멜이라는 이름의 창녀를 찾아 혼인을 하라고 명하신다. 한 남자에게 그런 요구를 하는 것은 지나치게 가혹하다. 창녀와 결혼을 하라고 요구하기 때문이 아니다. 한 남자가 한 여자를 진실하게 사랑하고 그 여자 또한 그 남자를 진실하게 사랑하는데 그 여자가 창녀일 때, 그녀와 결혼하는 것은 그 남자에게 전혀 문제가 되지 않는다.

하지만 생전 만난 적도 없고, 얼굴도 모르며, 대화를 나눠본 적도 없는 데다가 사랑하지도 않는 고멜이라는 이름의 창녀와 무조건 결혼하라고 요구한다면 어떻겠는가? 이렇게 되면 얘기가 달라진다. 하지만 호세아는 그대로 행한다. 그는 자기가 살고 있는 도시의 홍등가紅燈街에 가서 고멜이라는 이름의 창녀를 찾아 결혼한다. 그는 하나님께 철저하게 순종한다. 그뿐 아니라 얼마 뒤에는 그녀와 진짜로 사랑에 빠진다. 그는 처음에 그녀를 사랑하는 시늉만 하다가 진짜 사랑하는 감정에 압도된다.

아무것도 섞이지 않은, 실제적인, 예기치 못한 감정에 빠지게 된다! 어쨌든 이 모든 것들이 좋은 쪽으로 작용하고 두 사람의 관계는 중매결혼의 어색한 관계에서 실제적으로 제 기능을 다하는 건강한 결혼 관계로 변천한다. 그러나 그런 관계는 그렇게 오래가지 못한다. 어느 날 저녁, 호세아 선지자가 집으로 돌아온다. 그런데 아내가 없다. 아이들은 엄마에게 버려진 채 자기들끼리 놀고 있다. 그는 욕지기가 치미는 것을 느낀다. 그는 그녀가 어디에 갔는지 직감한다. 아니 분명히 알고 있다. 그는 최대한 빠른 걸음으로 홍등가를 찾아간다. 그리고 다른 남자의 허리춤에 팔을 휘감고 싸구려 모텔로 가고 있는 아내를 발견한다. 그는 하나님께 소리친다.

"하나님! 저는 말씀하신 대로 행했습니다. 저 여자와 결혼하라고 명하셔서 그대로 순종했습니다. 그런데 지금 이 모양 이 꼴이 되고 말았습니다. 제가 이제 무엇을 어떻게 해야 합니까?"

하나님께서 말씀하신다.

"네가 할 일을 알려주겠다. 홍등가로 돌아가 그녀를 다시 찾아라. 돈을 주고 그녀를 다시 사와라. 그녀를 다시 집으로 데려가라. 그리고 그녀를 향한 네 사랑을 다시 보여주어라!"

호세아는 질문한다.

"제가 왜 그래야 하는 것입니까? 하나님이라면 그렇게 하고 싶으시겠어요?"

하나님께서 대답하신다.

"이스라엘 백성들에게 알려주기 위해서란다. 내가 그들을 얼마나 사랑하는지 깨우쳐주기 위해서란다!"

그것이 사랑이다. 미친 것 같은 사랑이다.

호세아 선지자 이야기를 제재(題材)로 계속 논의를 진행하기에 앞서 꼭 말해두고 싶은 것이 하나 있다. 우리들 가운데 많은 사람이 성경의 어떤 이야기를 읽을 때, 우리 자신을 그 이야기에 등장하는 '주인공'과 즉각 동일시한다는 사실이다.

예수님은 누가복음 15장에서 한 가지 비유를 말씀하신다. 우리가 '탕자의 비유'라 일컫는 바로 그 비유이다. 어떤 사람에게 두 아들이 있다. 어느 날 둘째 아들이 아버지에게 유산을 미리 달라고 요구한다. 요즈음 말로 "노인네가 얼른 무덤으로 들어갈 것이지 왜 그렇게 명이 길어!"라고 말하는 것과 같았다.

그런데 놀랍게도 그 아버지는 요구를 들어준다. 돈을 쓰고 싶어 안달이 난 둘째 아들은 바로 채비를 하고 먼 나라로 떠나, 거기에서 술과 여자에 빠져 유산을 전부 탕진한다. 졸지에 알거지가 되어 망연자실한 둘째 아들은 다시는 결코 가지 않겠다고 결심했던 한 곳, 집으로 돌아온다. 아버지는 집으로 돌아오는 둘째 아들을 멀리서 보고는, 쏜살같이 달려 나가 자기가 입었던 옷을 입히고, 잔치를 열어야겠으니 살진 송아지를 잡으라고 하인들에게 지시한다. "파티용 고깔모자를 모두 꺼내 와라! 뿔 나팔도 전부 꺼내 와라!" 아버지는 성대한 잔치를 열고 먹고 즐기며 기뻐한다.

방탕한 둘째 아들의 귀향에 대한 아버지의 반응은 충격적이다. 그런데 충격적인 반응을 하는 또 한 사람이 있다. 동생의 귀향을 알게 된 형, 그러니까 이 집의 첫째 아들이다. 형의 충격적인 반응은 아버지의 반응과는 방향이 좀 다르다. 아마 당신은 잔치가 시작되자 첫째 아들이 동생의 귀향을 축하하면서 건배를 제의했을 것이라는 예상을 할지도 모른다. 그러나 잔치의 흥이 절정에 올랐을 때, 형은 뾰로통한 얼굴로 밖에 앉아, 왜 아버지가 성실하고 근면한 자기를 위해서는 그런 성대한 잔치를 베풀어 준 적이 없는지 의아해하고 있었다.

실로 많은 사람이 이 비유에 대해 말한다. 그리고 그들의 말을 들을 때마다 주목하게 되는 사실이 하나 있으니 그 모든 사람이 자신을 이 비유의 탕자와 동일시한다는 사실이다. 물론 우리 모두는 하나님의 계획에서 벗어나 흔들렸던, 하나님의 뜻에서 도망쳤던, 무엇인가를 탕진하였던, 그러다가 다시 슬금슬금 쭈뼛쭈뼛 하나님께 다가갔던 과거를 갖고 있다. 이 이야기를 각색하여 연극 무대에 올린다면 아마 우리 모두가 둘째 아들 역할에 지원할 것이다.

그러나 사실은, 이런 이야기가 당신 마음을 쓰리게 할지도 모르겠지만 우리들 거의 대부분이 둘째 아들보다는 첫째 아들의 역할이 훨씬 더 자연스럽다. 교만하고, 독선獨善적이며, 편협한 첫째 아들 말이다.

나라면 첫째 아들의 역할을 하겠다. 물론 내가 이런 고백을 자랑스럽게 여기는 것은 아니다. 하지만 나는 분명 '회복되어 가는' 첫째 아들이다. 나는 '회복'이라는 표현을 사용함으로써 첫째 아들의 태도가 일종의 질병인 것 같은 인상을 주었다. 그것은 질병일지 모른다. 아니 질병이다.

사실 교만하고, 독선적이며, 혼자만 잘난 줄 아는 편협한 첫째 아들이 되는 것이야말로 '종교'라는 진짜 질병의 증세이다.

우리는 고멜이다

말이 너무 길어진 것 같다. 요점은 우리들 대부분이 성경의 어떤 이야기를 읽을 때 자신을 그 이야기에 등장하는 주인공과 동일시하는 경향을 갖고 있다는 것이다. 호세아와 고멜의 이야기에서도 마찬가지이다.

우리들 대부분은 자신을 어떤 임무를 수행하라는 하나님의 부르심을 받은 호세아와 같다고 말한다.

'그래 맞아! 그 임무를 수행해야 하는 이유를 반드시 알아야 하는 것은 아니야. 그 임무가 내 마음에 들지 않을 수도 있어. 하지만 하나님께서 말씀하시면 무조건 경청하고, 움직이며, 순종해야 해!'

이렇게 생각하면서 말이다. 그러나 당신이 어떻게 받아들이느냐에 따라 좋은 소식이 될 수도 있지만 우선적으로는 달갑지 않게 들릴 것이 자명한 나쁜 소식 하나를 전하지 않을 수 없다.

'우리는 호세아가 아니라 고멜이다!'

우리는 구조하는 사람이 아니라 구조된 자들이다. 우리는 타락한 창녀의 몸값을 포주에게 지불하고 그녀를 홍등가에서 빼내는 사람이 아니라 누군가에 의해 홍등가에서 구출된 창녀들이다. 우리는 먼저 사랑하는 사람이 아니라 먼저 사랑받은 자들이다.

누구에게 구출되었는가? 바로 하나님에게 구출되어 사랑받은 자이다!

하나님께서는 우리들을 사랑하신다. 그분은 "나는 ─ 그들을 ─ 그들의 ─ 깊은 죄악에서 ─ 다시 ─ 사기 ─ 위해 ─ 홍등가로 ─ 갈 것이야!"라는 마음으로 우리를 사랑하신다. 더 나아가 "나는 ─ 그들을 ─ 그들의 ─ 깊은 죄악에서 ─ 다시 ─ 사기 ─ 위해 ─ 붉은 핏자국으로 얼룩진 ─ 십자가로 ─ 갈 것이야!"라는 마음으로 우리를 사랑하신다. 하나님께서는 우리를 사랑하신다. 분에 넘치게, 무모할 정도로, 어리석을 만큼 맹목적으로, 창피해하지 않으면서 열렬히 사랑하신다.

하나님께서는 미친 듯 사랑에 빠지신다. 누구와 사랑에 빠지셨는가?

바로 당신과 사랑에 빠졌다! 나와 사랑에 빠지고, 우리 모두와 사랑에 빠졌다!

하나님께서는 사랑하신다. 누구를 사랑하시는가? 매력적인 사람들, 부자들, 인기 있는 사람들, 성공한 사람들, 똑똑한 사람들, 강한 사람들, 무시당하는 사람들, 주목받지 못하는 사람들, 가난한 사람들, 사회의 변경으로 내몰린 사람들, 열등한 사람들, 쉽게 유혹에 넘어가는 사람들, 낙담한 사람들을 사랑하신다.

하나님께서는 사랑하신다. 누구를 사랑하시는가?

하나님께 사랑받고 있다는 사실을 알고 있는 사람들과 그 사실을 모르고 있는 사람들을 사랑하신다. 하나님께서는 그 사랑을 사람들에게 보여주시고 말씀하신다. 아니, 그 정도가 아니다.

하나님은 사랑이시다! 당신은 하나님의 호의와 사랑을 한 몸에 듬뿍 받고 있다. 당신이 이러한 전혀 뜻밖의 사실을 깨달은 소수의 사람들 가운데 한 명이 될 때, 당신이 보일 수 있는 유일하게 합당한 반응은 단 하나, 하나님을 사랑하고 또 다른 사람을 사랑하는 것이다.

사랑하되, '미친 듯이' 사랑해야 한다.

명사가 아닌 동사로서의 사랑

이 책 앞부분에서 말한 것처럼 나는 미국 중서부의 작은 교회에서 자랐다. 우리는 주일 밤 예배도 결코 빠진 적이 없는 철두철미한 주일의 신자들이었다. 우리는 주일 밤마다 열렬한 찬양의 시간을 갖곤 했다. 나는 그 시간이 정말 좋았다. 찬양 인도자는 교인들에게 신청곡을 받았고 나는 매번 기회를 얻을 때마다 동일한 노래를 신청했다. 그 노래를 당신에게 불러주고 싶지만 글자로는 부를 수 없기 때문에 이 지면에 후렴구만 적어보겠다.

사람들은 우리가 그리스도인이라는 것을 알 거예요
우리들의 사랑으로, 우리들의 사랑으로
그래요
사람들은 우리가 그리스도인이라는 것을 알 거예요

우리들의 사랑으로.

이것은 당연한 사실이다! 그러나 지금 그런 일이 일어나고 있는가? 한때는 그런 적도 있었다. 초대교회가 사랑에 푹 잠겨 있을 적에 그랬다. 초대교회 성도들에게 사랑은 하나의 명사名詞가 아니라 동사動詞였다.

그들은 매력적인 사람들, 부자들, 인기 있는 사람들, 성공한 사람들, 똑똑한 사람들, 강한 사람들, 무시당하는 사람들, 주목받지 못하는 사람들, 가난한 사람들, 사회의 변경으로 내몰린 사람들, 열등한 사람들, 쉽게 유혹에 넘어가는 사람들, 낙담한 사람들을 모두 다 사랑했다. 정말로 '예수님처럼' 그들은 사랑했다.

나라도 그렇게 했을 거야

내 여동생 제니는 아시아의 한 나라에서 선교사로 사역하고 있다. 그녀는 성매매에서 구출된 어린 소녀들을 보호하고 보살피는 단체와 협력하여 일한다. 몇 개월 전, 그녀에게 메일 한 통을 받았다. 그녀가 보살피는 어린 소녀들 가운데 한 아이의 엄마가 병원에 입원했다는 것을 알게 되었다는 내용이었다. 그 여인은 AIDS 합병증으로 죽어가고 있었다.

제니는 병문안을 갔고 거기에서 본 것들로 인해 할 말을 잃고 아연실색했다. 그 여인은 말 그대로 피골이 상접했고, 한때 적당히 살이 올라 우아한 만곡(彎曲)을 그렸던 두 볼에는 분화구 같은 구멍이 숭숭 나 있었으며, 생기 가득하여 총총했던 두 눈은 죽음의 임박을 알리는 안색에 의해 희끄무레 흐려져 있었다. 너무나도 쇠약해진 그녀의 몸에서 나오는 말들은 거의 알아듣기 힘들었지만 비참하게 일그러진 그녀의 표정만 보아도 그녀가 도움을 갈망하고 있음을 쉽게 간파할 수 있었다.

내 여동생이 사역하는 나라의 병원들은 입원 환자들에게 약은 주지만, 식사나 위생적인 서비스를 반드시 제공하지는 않았다. 여동생은 서서히 죽어가고 있는 그 여인이 더러운 속옷을 입고 제대로 씻지도 못한 채 허기진 배를 움켜쥐고 고통과 싸워야 하는 상황을 견딜 수가 없었다. 그래서 매일 병원을 찾아가 그 여인을 돌봤다. 매일 그녀의 끼니를 챙겨주었고, 더러운 옷들을 빨아주었으며, 속옷을 갈아입혀주었다.

또한 차비가 없어서 학교에 가지 못하는 그녀의 어린 아들이 하루 종일 자기 엄마의 병상 옆에 앉아 있었기에 운전수를 자청하였다. 자신의 자동차로 병원에서 학교로, 다시 학교에서 병원으로 아이의 등하교를 도와주었다. 혹시라도 아이가 밤에 배가 고플까 봐 야식까지 준비해주었다.

제니는 그녀를 보살피고 그녀의 필요를 채워주기 위해 최선을 다해 몇 주 동안 헌신적으로 일했다. 여기까지가 여동생이 내게 보낸 메일의 내용이었다.

그로부터 몇 주 후, 여동생으로부터 또 한 통의 메일이 왔다. 불교가 주를 이루는 나라에서 태어나 그곳에서 평생을 살아온 그 여인이 예수님을 자신의 주님과 구세주로 영접하고 자신의 삶을 예수님께 맡겼다는 내용이었다.

만일 당신이 나와 다르지 않다면 이런 종류의 이야기를 들을 때 다음과 같이 말하고 싶은 유혹을 받을 것이다.

"그런 상황이었다면 저라도 그렇게 했을 거예요. 만약에 제가 그런 나라에 살고 있다면, 병원에 가서 환자들을 보살피고, 병상의 이불을 갈아주며, 옷을 빨아주고, 먹을 것도 챙겨주었을 거예요! 언제나 예수님처럼 다른 사람을 사랑할 기회를 얻기 위해 힘쓸 것입니다!"

물론 당신이 선한 의도로 이런 말을 한다는 사실을 모르는 것은 아니다. 그러나 명백한 사실 하나를 밝히고 싶다. 우리가 그런 나라에서 살게 될 일은 거의 일어나지 않으리라는 것이다. 그러므로 우리가 제기해야 할 실제적인 질문은 현재의 일상 한가운데서 예수님처럼 다른 사람을 사랑하는 일에 전념하고 있는가 하는 것이다. 우리는 자신의 삶의 환경을 바라보면서 다음과 같이 말하기가 쉽다.

"만약에 시간이 많다면, 예수님처럼 다른 사람을 사랑할 거야!" "만약에 임의로 처분할 수 있는 여분의 수입이 생긴다면, 예수님처럼 다른 사람을 사랑할 거야!" "만약에 책임지고 있는 일들이 지금처럼 많지 않다면, 예수님처럼 다른 사람을 사랑할 거야!"

우리가 무의식적으로 '만약에 …한다면'이라는 사고방식에 안주하면서 사랑하지 않을 수 있다. 실제적인 문제로 우리는 '만약에 …한다면'에서 '지금 여기에서'로 이동할 필요가 있다. 이 말은 당신이 어디에 있든지 "나는 바로 지금, 여기에서 내가 교류하면서 영향을 끼칠 수 있는 범위 안에 있는 사람을 사랑할 거야!"라고 말한다는 것을 뜻한다. 그렇다면, 바로 지금 여기에서 당신이 교류하면서 영향을 끼칠 수 있는 범위 안에 있는 사람들이 누구일까?

남편도 없이 홀몸으로 가족들을 부양하기 위해 언제나 풀 죽은 얼굴을 하고 있는 직장 동료가 당신이 의도적으로 사랑해야 할 사람일지도 모른다. 당신은 그녀가 다른 사람과 나누는 대화를 우연히 듣고 그녀의 사정을 알게 된다.

그녀는 최대한 열심히 일하지만 살림살이는 늘 빠듯하다. 아이들은 자기들과 엄마를 버리고 떠난 아버지가 남긴 상처로 인해 괴로워한다. 그 아픔과 고통을 자기 엄마에게 모두 말한다. 그녀는 혼자 남겨졌을 뿐 아니라 혼자 힘으로 아이들을 키워야 한다. 어쩌다 복도에서 마주치면 그녀는 당신에게 미소를 짓지만 그것은 예의일 뿐 그녀의 속은 산산이 무너져 내려 가루가 되어 있다.

혹은 당신 이웃의 그 과부가, 당신이 의도적으로 사랑해야 할 그 사람일지도 모른다. 차가운 땅에 남편을 묻은 지가 벌써 몇 해나 되었건만,

그녀에게는 그저 어제처럼 느껴진다. 그녀의 차고車庫 문이 열리는 것을 더는 볼 수 없다. 그녀가 자신의 집 벽 안에 숨어 살기 때문이다. 외로움의 독방에 스스로 갇혀 지내기 때문이다. 사실 그녀를 볼 수 있는 유일한 기회는, 그녀가 우편물을 가져가기 위해 살짝 밖으로 나오거나 식료품을 구입하기 위해 근처 가게에 갈 때뿐이다.

혹은 당신 직장의 상사가, 당신이 의도적으로 사랑해야 할 그 사람, 당신의 사랑을 절실히 필요로 하고 있는 사람일지 모른다. 외적으로 그는 완벽한 삶을 살고 있다. 당신 집값만큼이나 비싼 자동차를 타고, 시내의 최고급 식당에서 밥을 먹으며, 유명 디자이너의 수제 양복만 입는다. 당신은 그의 사무실에 아름다운 아내와 귀여운 두 딸의 사진이 걸려 있다는 것을 알고 있다. 하지만 그가 그들을 만나는 유일한 시간이 그리움 가득한 눈으로 그 사진을 바라볼 때뿐이라는 사실도 잘 알고 있다. 그는 일중독자이다. 그의 직위가 곧 그의 정체正體이다. 그는 일의 속도를 늦출 날이 언젠가 올 것이라고 그럴듯하게 말하지만, 그 '언젠가'는 결코 오지 않을 것처럼 보인다.

물론 이와 같은 이야기가 당신 주변의 사람들에게 딱 들어맞을 것이라고 생각하지 않는다. 하지만 이런 이야기를 읽는 것만으로도 당신이 날마다 마주하는 사람들의 이름과 얼굴을 상기할 수 있을 것이라고 생각한다. 당신이 어떤 모습으로 어떤 인생을 살고 있든지 배고픈 사람에게 먹을 것을 주고, 실의에 빠진 사람을 격려하며, 하소연하는 사람의 이야기를 들어주고, 곤경에 처한 사람을 돕기 위해 시간과 에너지와 물질을 투자하며, 외로운 사람을 초대할 수 있는 기회에 둘러싸인다. 예수님처럼 다른 사람을 사랑할 수 있는 기회들이 당신을 포위하고 있다.

우리는 '예수님처럼 다른 사람을 사랑하는 것'에 대하여 말할 때 빈곤한 국가의 굶주린 아이들이나 전 세계 곳곳의 고아원에 앉아 있는 아이들, 안전하고 깨끗한 식수를 마시지 못하는 머나먼 나라의 사람들만 생각하기가 쉽다. 물론 우리가 전 세계의 무시당하고 경시당하는 사람들을 사랑하는 것을 정말 심각한 과제로 받아들여야 하며 또 우리의 사랑의 손길을 기다리는 사람들이 실로 많다는 것은 재론의 여지가 없다. 하지만 꼭 전 세계의 어려운 이웃을 대상으로 사랑해야만 예수님처럼 다른 사람을 사랑할 수 있는 것은 아니다.

'예수님처럼 다른 사람들을 사랑하는 것!'

그것은 지금 여기에서도 일어날 수 있다.

예수님처럼 다른 사람들을 사랑하는 것

예수님처럼 다른 사람들을 사랑한다는 것이 대체 무슨 뜻인가? 의자에 기대앉아 저절로 깨달아지기를 바라는 것은 부질없는 일이다. 예수님의 사랑을 이해하기 위한 최선의 방도는 예수님의 삶을 들여다보는 것이다. 나는 지난 몇 개월 동안, 복음서에 기록된 예수님의 생애를 집중적으로 읽는 데 실로 많은 시간을 투자했다. 그렇게 복음서를 몇 차례 읽어가면서 나 자신에게 두 가지 질문을 계속 던졌다.

예수님은 누구를 사랑하셨는가

첫 번째 가장 기본적인 질문은 "예수님은 누구를 사랑하셨는가?"라는 것이었다. 가장 쉬운 대답은 "모든 사람!"이다. 나는 이것이 교회가 내놓는 모범답안처럼 들린다는 것을 잘 알고 있다. 하지만 예수님은 실제로 모든 사람을 사랑하셨다. 세관원들, 창녀들, 문둥병자들, 아이들, 평범한 사내들, 평범한 아낙네들, 신앙심이 깊은 사람들, 신앙심이 깊지 않은 사람들, 부자들, 가난한 사람들까지 모든 사람들과 시간을 함께 보냈음을 알 수 있다.

예수님은 모든 사람을 사랑하셨다! 그러면 우리는 어떠한가? 우리도 모든 사람들을 사랑하고 있는가? 예수님처럼 다른 사람을 사랑하는 것이 무엇을 뜻하는지 이해하기 위한 논의에서 이런 점을 간과하고 넘어가기 쉽다.

그러나 정직하게 말해보자. 우리가 사랑하기 어려운 사람들이 있다. 그리고 우리가 완전히 정직해진다면 다른 사람보다 더 사랑하기 어려운 유형이나 범주의 사람이 있다는 것을 인정할 것이다. 또한 동시에 우리들 거의 대부분은 다른 사람보다 더 사랑하기 쉬운 유형이나 범주의 사람을 갖고 있어서, 그런 그룹에 해당되는 어떤 사람을 만나면 그 사람을 사랑할 방법을 어렵지 않게 바로 발견한다. 당신의 경우 그런 사람이 누구인가? 내가 먼저 말해보겠다.

나의 경우에 실제적인 방법으로 가장 쉽게 사랑할 수 있는 사람들은 바로 사회의 변경邊境에서 살아가고 있는 이들이다. 나는 거리를 걷다가 노숙자를 만나면 먹을 것과 마실 물을 사주기를 원하거나 잠깐 앉아서 대화하기를 원한다.

　물론 내가 거리에서 노숙자들과 마주칠 때마다 그들 개개인에게 필요한 모든 것을 다 채워줄 수 있는 것은 아니지만 그것은 현재의 논의의 요점이 아니다. 내가 말하려는 것은 개인적으로 몰락하여 빈털터리 신세가 된 사람들이 나의 관심을 즉각 끈다는 것이고, 그런 사람을 사랑하기가 어렵지 않다는 것이다.

　나는 그들이 노숙자 신세가 된 이유나, 그들이 노숙자 생활을 청산하기 위해 해야 할 일들이나, 그들이 그렇게 된 것이 누구의 잘못인지 규명하는 것에는 별로 관심을 갖지 않는 경향이 있다. 그저 거리를 지나가다가 노숙자 한 사람을 만나면 내 마음이 무너져 내린다. 그러면 예수님이 그 사람을 만나실 경우에 그에게 해주실 것이라고 생각되는 대로 그를 사랑하기 원할 뿐이다.

　하지만 사랑하기가 쉽지 않은 유형의 사람이 있다는 사실 또한 인정하지 않을 수 없다. 이제부터 하려는 말을 주의해서 들을 필요가 있다. 이상하게 들릴 수도 있지만, 나의 경우에 사랑하기가 정말 어려운 사람은 바로 신앙심이 깊은 사람이다.

　나의 어린 시절의 영적 환경에 대하여 앞에서 잠깐씩 언급했지만 여기서 커튼을 좀 더 젖혀보겠다. 내가 출석하던 교회는 정말 신앙심이 깊은 사람들로 구성되어 있었다. 우리는 지나치게 형식적이거나 의례적이지는 않았지만 일반적으로 말해서, 우리들이 임의로 만든 일련의 독단적인 규칙들을 준수하는 것을 가장 강조했다. 우리에게 신앙의 총체적 전제는 우리가 죄라고 간주하는 것들을 회피하는 것이었다. 따라서 만일 당신이 우리에 의해 큰 죄로 여겨지고 있는 것들로부터 멀리 떨어져 있고 주일마다 규칙적으로 교회에 모습을 나타낸다면 당신은 가장 훌륭한 기독교 신앙을 지닌 사람으로 인정받는다.

그런 이유로 우리는 외부 사람들을 환대하지 않았다. 다른 교회에 다니던 사람이 우리 교회에 새신자로 오든지 아니면 전혀 교회를 다니지 않던 사람들이 새신자로 오든지, 그들은 우리가 임의로 만든 일련의 독단적인 규칙을 우리만큼 잘 지키지 못했기 때문이다.

말로는 우리 교회가 모든 사람에게 열려 있다고 공표했지만 실상은 그렇지 않았다. 누구든지 우리가 기독교 신앙의 지표로 여기고 따랐던 그 규칙을 충실히 지키지 않으면 그는 우리 교회에서 환영받는다는 느낌을 받지 못했다.

어떤 부인이 우리 교회에 처음 왔던 때가 또렷하게 기억난다. 그녀는 골초 중의 골초였다. 근처를 지나가기만 해도 니코틴 냄새가 진동했기 때문이다. 예배가 끝난 뒤에 그녀는 집에까지 자기를 태워줄 누군가를 찾았다. 교회에서 멀리 떨어진 곳에 살고 있는데 교통편이 마땅치 않아 누가 좀 태워주면 좋겠다는 것이었다. 마침 한 가족이 같은 방향에 살고 있었는데, 나는 그들이 은밀하게 서로 속삭이는 말을 우연치 않게 들었다. 그녀를 태워주면 자동차에서 담배 냄새가 진동할 테니 태워주지 말자는 의견이 모아지고 있었다.

나는 바로 그런 영적 환경 속에서 성장했다. 하나님의 은혜가 자신들의 죄를 씻고, 자신들을 변화시키며, 자신들의 삶을 성결하게 하기에는 충분하지만 다른 누군가의 죄를 씻고, 그를 변화시키며, 그의 삶을 성결하게 하기에는 결코 충분하지 않다고 믿는 신앙심 깊은 사람들에게 둘러싸여 있었다.

나의 경우에는 그런 신앙심 깊은 사람들을 사랑하기가 너무 힘들다. 그러면 그런 사람들과 똑같은 사람이 된다는 결론에 이르게 되지만, 그런 사람을 사랑하는 게 쉽지 않다.

나의 모습을 정직하게 말했다. 하지만 우리 모두가 사랑하기 쉬운 사람만 사랑하고 사랑하기 힘든 사람은 으레 무시해버리고 있다는 것은 명백한 사실이다. 그러나 예수님은 그렇게 하지 않으셨다. 예수님은 모든 사람들을 사랑하셨다.

머리가 아닌 가슴으로 사랑하라

오늘 당신에게 도전하고 싶다. 당신은 어떤 사람을 사랑하기가 어려운지 가만히 생각해보고, 그런 유형의 사람을 사랑하기 위한 방법은 무엇인지 찾아보라. 어쩌면 당신은 불법 이민자나 다른 정당을 지지하는 사람이나 파렴치한 죄의 함정에 빠져 있는 사람 혹은 다른 종교를 갖고 있는 사람을 사랑하기가 어렵다고 느낄지 모른다.

그러나 그런 사람이 누구이든 이론적으로 사랑하지 말고 실제적인 방법으로 사랑하라! 말처럼 쉽지 않다는 것을 잘 알고 있다. 하지만 머리가 아닌 가슴으로 사랑하고 행동하는 것이 중요하다. 솔직히 나는 예수님의 사랑의 본을 철두철미하게 따랐던 때보다 그렇게 하지 못한 때가 더 많았지만, 예수님의 사랑의 본을 따랐던 때들은 내 삶에서 가장 중요하고 주목할 순간들이 되었다.

당신이 예수님이 하실 것 같은 방식으로 누군가를 사랑할 때마다 그가 예수님과 사랑에 빠지게 될 것이라고 확실히 단언할 수 있으면 참 좋겠지만 아쉽게도 그렇게는 말하지 못할 것 같다. 그런 일이 전혀 일어나지 않는 것은 아니지만 언제나 일어나는 것도 아니기 때문이다.

그러나 다시 권고하거니와, 당신이 어떤 사람 혹은 어떤 유형의 사람을 사랑하기가 어려운지 가만히 생각해보고 그들에게 예수님의 사랑을 전해줄 실제적인 방법을 찾아보기 바란다. 동네를 산책하다가 완고한 이웃 사람에게 우편물을 전달해주는 것이나 난민 센터에서 자원봉사자로 일하는 것이 하나의 방법이 될 수도 있다. 예수님처럼 다른 사람을 사랑하는 데 전념한다는 것은 당신처럼 생기지도 않고, 당신처럼 행동하지도 않으며, 당신처럼 말하지도 않는 사람들에게 당신 자신을 바친다는 것을 뜻할 수도 있다.

구체적인 방법이야 어떻든지 간에 예수님이 하실 것 같은 방식으로 다른 사람을 사랑하기 위한 실제적인 방법을 모색하라. 사랑하기 쉬운 사람들뿐만 아니라 사랑하기 힘든 사람들도 사랑하라!

예수님은 어떻게 사랑하셨는가

내가 복음서에서 예수님의 생애와 사역을 집중적으로 읽으면서 제기했던 첫 번째 질문은 "예수님은 누구를 사랑하셨는가?" 하는 것이었고, 그 질문에 대한 대답은 "모든 사람!"이라는 것이었다. 이제 내가 씨름했던 두 번째 질문으로 넘어가보겠다.

그것은 "예수님은 어떻게 사랑하셨는가?"라는 것이었다. 이 질문에는 한 단어로 대답할 수 있다.

"의도적으로."

복음서를 읽어보면 배고프거나 목마르거나 아프거나 외로운 사람들이 예수님께 나온 것이 한두 번이 아니었고, 예수님이 그들의 필요를 채워주신 것도 한두 번이 아니었다는 사실을 알 수 있다. 어떤 의미에서 예수님은 사람들의 요구에 반응하여 사랑을 보여주셨다. 하지만 상황에 앞서 주도적으로 사람들을 사랑하셨던 때가 더 많았다. 무슨 말이냐 하면 예수님이 사람들을 향한 사랑을 실제적인 방법으로 표현할 기회를 찾기 위해 힘쓰셨다는 뜻이다.

요한복음 4장에는 우리가 잘 알고 있는 예수님과 사마리아 여인의 이야기가 나온다. 예수님이 우물가에서 사마리아 여인과 대화를 나누신다. 하지만 유대인 남자가 사마리아 여자와 공공연히 대화를 나누는 것은 당시의 문화에서 용인할 수 없는 일이었다. 첫째는 그 여자가 사마리아 사람이었고, 둘째는 여자였기 때문이다.

예수님 시대의 유대인들과 사마리아 사람들은 상종하지 않았다. 유대인들은 사마리아 사람들이 이방민족과 통혼通婚함으로써 하나님의 택함을 받은 선민으로서의 혈통을 더럽혔다는 이유로 온전한 인간에 미치지 못하는 존재로 취급했다. 유대인들에게 사마리아인들은 일종의 인간쓰레기 같은 존재들이었다. 또한 당시의 남자들은 공공연한 장소에서 여자들과 어울리지 않았다. 따라서 유대인 남자인 예수님이 사마리아 여자인 그 여인과 우물가에서 단 한 마디라도 주고받는다는 것은 당시의 문화를 거스르고도 남을 위험한 행동이었다.

하지만 예수님은 그 여인이 무척이나 아파하고 있고 누군가의 도움을 절실히 갈망하고 있다는 사실을 아셨다. 예수님은 그 여인에게 남편이 이미 다섯 명이나 있었고, 현재도 남편이 아닌 또 다른 남자와 살고 있다는 것을 아셨다. 우리는 그녀에 대해 모든 것을 알지는 못한다. 하지만 그녀가 상처를 갖고 있고, 따돌림을 받는 외톨이였으며, 친구와 가족과 이웃에게 버려진 사람이라고 단정할 수 있을 만큼은 알고 있다.

예수님과 그녀가 각자 길을 가다가 우물가에서 우연히 마주친 것이었다고 해도, 유대인 남자인 예수님이 사마리아 여자인 그녀와의 대화를 주도적으로 시작하셨다는 사실은, 그녀를 향한 예수님의 넘치는 사랑을 보여주는 증거라고 하지 않을 수 없다. 더욱이 우리는 예수님과 그녀의 만남이 결코 우연이 아니었다는 것을 잘 알고 있다.

그 이야기는 예수님에 관하여 우리에게 다음과 같이 말해주면서 시작된다.

"사마리아를 통과하여야 하겠는지라" 요 4:4.

'통과하여야 하겠는지라'had to go through라는 어구를 주목하라. 이 어구를 제대로 이해하지 못하면 이 단락 자체를 이해하지 못하게 된다.

당시에는 사마리아까지 우회하는 도로가 있었고(이스라엘의 남부는 유대 지방, 중부는 사마리아 지방, 북부는 갈릴리 지방이다. 따라서 남부에서 북부로 혹은 북부에서 남부로 가려면 중부를 지나야 했지만 유대인들은 멀리 요단강 동쪽이나 서쪽으로 지중해 연안을 따라 우회하는 도로를 이용했다. -역자 주), 그 도로를 이용하는 여행자들도 많았다. 우회도로를 이용하는 여행자들이 많았던 까닭은 대부분의 유대인들이 사마리아 지역으로 일부러 들어가기를 원하지 않았기 때문이다. 특히나 우회도로가 분명히 있었으니 더 그랬을 것이다.

따라서 예수님의 내비게이션은 분명 그 우회도로를 가리켰을 것이다. 하지만 예수님의 마음은 사마리아를 '통과하는 것'이었다. 핵심은 예수님이 상처를 입은 그 외톨이 여인을 사마리아 우물가에서 우연히 만난 게 아니라는 사실이다. 예수님이 의도적으로 그 여인에게로 곧장 인도해줄 여로旅路를 택하셨다.

철두철미하게 사랑하라

일반적으로 우리는 일상의 행로를 여행하면서 예수님처럼 다른 사람들을 사랑할 수 있다. 우리들의 일상의 행로에 예수님처럼 다른 사람을 사랑할 기회가 많기 때문이다. 그러나 우리가 예수님이 하실 것 같은 방식으로 다른 사람을 사랑하기 위해 의도적으로 우리 삶의 행로를 정해야 할 때도 있다.

내가 지금 섬기고 있는 이 교회에는 철두철미하게 예수님처럼 다른 사람을 사랑하는 자매들이 있다. 그들은 정말로 모든 사람을 사랑한다. 의도적으로 말이다. 최근 그들은 이곳 신시내티 시내에 갱생 과정의 창녀들을 돕는 단체가 있다는 사실을 알게 되었다. 자매들은 그들을 돕고 사랑하기를 원했다. 그래서 자동차를 몰고 갱생 센터로 달려가, 피자를 주문하고, 매춘의 덫에 갇혀 살아온 가련한 여인들과 이야기를 나누며, 웃고 춤추고 기도하면서 저녁 시간을 보냈다.

그 자매들은 의도적으로 그곳을 찾아갔다. 예수님처럼 사랑하기 위한 한 가지 이유로 말이다. 요한복음 4장 4절은 예수님이 사마리아를 '통과해야 했다'고 말한다. 우리 교회의 그 자매들도 이렇게 말할 것이다.

"우리는 신시내티 시내로 가야 했어요!"

예수님처럼 다른 사람을 사랑하는 것을 당신 인생의 사명과 목적으로 삼을 때, 늘 걷던 길에서 벗어나 특별히 다른 길로 걸어야 할 때가 있을 것이다. 그런 순간에는 '반드시 이렇게 해야 해!'라는 느낌이 들겠지만 그것은 외부에서 강제로 부과된 억지 의무 같은 느낌은 아닐 것이다. 그것은 당신이 자발적으로 당신에게 부여한 '해야 한다'have to는 것의 기회, 세상을 다 준다고 해도 바꾸고 싶지 않은 기회, 예수님처럼 다른 사람을 사랑할 기회가 될 것이다.

"우리가 아직 죄인 되었을 때에 그리스도께서 우리를 위하여 죽으심으로 하나님께서 우리에 대한 자기의 사랑을 확증하셨느니라"롬 5:8.

"하나님이 세상을 이처럼 사랑하사 독생자를 주셨으니 이는 그를 믿

우리는 사랑의 삶을 살라는 부름을 받았다. 그리고 예수님은 사람들이 걷지 않던 길, 즉 십자가로 향하는 길을 걸으심으로써 스스로 본을 보여주셨다. 예수님은 십자가에서 죽으라는 강요를 받았는가? 아니다! 예수님은 돌발적인 사고로 십자가에서 죽었는가? 아니다! 예수님은 의도적으로 십자가에서 죽었는가? 그렇다! 그것이 사랑이다. '미친 것 같은' 사랑이다.

누가 하나님의 사랑을 보여주고 말해줄까

예수님의 이야기는 구유에서 십자가에 이르기까지 자신의 백성을 사랑하신다는 것을 자신의 백성에게 말하고 보여주기 위해 무엇이든지 다 하신 하나님의 이야기이다. 그러나 참으로 안타깝게도, 이런 진리에도 불구하고 많은 사람이 자신이 하나님의 사랑을 받고 있다는 사실을 여전히 모르고 있다. 이러한 진술을 입증하는 증거들은 정말로 명명백백하여 놓치기가 오히려 더 어렵다.

당신이 살고 있는 도시나 지역사회의 사람들을 대충만 훑어보아도 다음과 같은 사실들을 어렵지 않게 발견할 것이다. 인종차별이 여전히 건재하다. 폭력과 증오가 난무한다. 불화와 충돌이 사회의 규범이 된다. 사람들이 이혼을 받아들일 뿐 아니라 너무도 당연하게 여긴다. 테러의 먹구름이 늘 드리워 있다. 치명적인 바이러스 질환들이 잡히지 않는다. 내가 '치킨 리틀'(Chicken Little, 영국 전래동화의 주인공, 하늘에서 떨어진 무엇인가에 머리를 맞고는 하늘이 무너지고 있다고 소리친다. —역자 주)처럼 "하늘이 무너지고 있어! 하늘이 무너지고 있어!"라고 외치는 것이 아니다. 우리가 살고 있는 이 세상의 진상을 정직하게 그려보자는 말이다. 아무래도 음침하고 어두운 그림을 그려야 할 것 같다.

현재 이 세상이 처한 상황을 지나치게 단순화하는 위험을 무릅쓰고 단언하자면 이 세상이 앓고 있는 질환을 고칠 수 있는 치료제가 하나 있다. 바로 사랑이다. 하지만 기억해야 할 것이 있다. 나는 급진적인 환경 운동가도 아니며, 자유분방한 옷을 입고 대마초를 피우고 다니면서 사랑이 모든 질문에 대한 해답이라고 생각하는 1960년대의 히피족도 아니다. 내가 말하려는 바는 이 지구상의 모든 남자들과 여자들과 어린이들이, 전능하신 하나님의 사랑을 받고 있다는 것을 확신한 상태에서 내일 아침에 잠자리에서 일어난다면 모든 전쟁이 종식되고, 학대가 중단되며, 온갖 중독증이 끊어지고, 불안이 일소되며, 분노가 용해되고, 두려움이 가라앉으며, 갈등이 해결되리라는 것이다. 그런 것들이 바로 하나님의 사랑이 역사하는 것들이다.

그러나 보여주지 않으면 그들은 보지 못할 것이고, 말해주지 않으면 듣지 못할 것이다. '무엇을' 보여주고 말해줘야 하는가? 그들이 하나님의 사랑을 받고 있음을 알게 해줘야 한다! 그들은 맹렬하고 열렬한 사랑을 받고 있다!

'누가' 이 일을 해야 하는가? 이 땅에 사는 당신과 나, '우리 모두'가 이 일을 해야 한다!

당신이 주변 사람들에게 예수님의 사랑을 보여주고, 전하는 것을 사명으로 진지하게 받아들일 때, 당신이 사는 도시의 홍등가 같은 어둡고 추잡한 곳의 한복판에서 그 사랑을 보여주며 말하고 있는 당신의 모습을 발견하게 될지 모른다. 정말로 우리는 고멜과 같은 사람이다. 그러나 동시에 호세아임을 잊지 말아야 한다.

1. 구약성경 호세아서를 처음부터 끝까지 다 읽어보라. 호세아가 고멜의 몸
   값을 치르고 그녀를 매음굴에서 빼내기 위해 얼마나 강렬한 사랑이 필요
   했을지 한번 생각해보라. 그런 다음, 그 이야기가 당신을 향한 하나님의
   사랑에 대해 무엇을 말하는지 조용히 묵상해보라.

2. 사람들은 당신이 그리스도인이라는 것을 아는가? 타인을 향한 당신의 사
   랑을 보고 당신이 그리스도인임을 아는가? 그렇지 않다면, 당신 주변 사
   람들은 당신을 과연 어떤 사람으로 알고 있는가? 정직하게 대답해보라.

3. 사람들이 타인을 향한 당신의 사랑을 보고 당신이 그리스도인임을 알 수
   있게 하려면 당신 삶에서 어떤 변화를 모색해야 하는가?

4. 당신 삶의 어떤 환경들이 예수님처럼 사랑하는 것에 장애가 되는 것 같은
   가? 장애물을 제거하려면 그런 환경들을 어떻게 바꾸어야 하는가? 만약
   환경을 바꾸는 것이 불가능하다면, 그런 불리한 환경에서 예수님처럼 사
   랑하기 위한 실제적인 방법들을 모색해보기 바란다.

자비롭고 거룩하신 아버지시여!

아버지처럼 사랑하는 법을 가르쳐주소서!

그리하여 다른 사람이 저희가 하는 사랑을 보고

그리스도인임을 알아볼 수 있게 해주소서!

저희를 둘러싸고 있는 사랑할 기회들을 분별하는 눈을 주소서!

장애물이 있는 것처럼 보일 때, 그 한복판에서 주님을 사랑하며,

장애물을 통하여 신앙이 더욱 깊어지는 법을 가르쳐주소서!

무엇보다 저희를 향한 아버지의 사랑의 깊이와 넓이를

깨닫게 해주소서.

그래서 저희도 똑같이 다른 사람을 사랑하게 하소서!

저희를 사랑해주시되 무조건적으로, 무모하게,

끝없이 사랑해주시니 감사드립니다.

아버지의 사랑이 모든 것을 변화시킨다는 사실을 믿습니다.

예수님의 이름으로 기도드립니다. 아멘.

THE REAL ANSWER

real

PART 03

목숨을 걸
진짜 해답

CHAPTER

13

나처럼 되어라

예수님을 따르기 전에 비용을 계산해보라

닮으라는 부름

우리는 2부에서 아래와 같은 주제들을 논했다.

'재갈을 물리지 않은 후함, 대담한 용기, 반항적인 기쁨, 위험을 감수하는 믿음, 집요한 소망, 파문을 일으키는 은혜, 미친 것 같은 사랑.' 이런 속성들은 개별적으로는 큰 가치를 지니고 있지 않다. 화가가 캔버스에 그린 하나의 붓 자국에 대해서도 같은 말을 할 수 있다. 그러나 그 하나하나의 붓 자국들이 캔버스에서 서로 어우러지면 정적으로 침체된 초상화가 아니라 동적으로 살아 움직이는 초상화 한 점이 완성된다. 바로 예수님의 초상화이다.

물론 이런 말의 붓놀림으로 예수님의 초상화를 완벽하게 그려낼 수 있는 것은 아니다. 그런 것은 애당초 불가능하다. 하지만 어느 정도까지는 언어를 통해 예수님의 초상화를 그릴 수 있다. 적어도 그렇게 하려는 것이 나의 의도였다.

하지만 우리가 어떤 인물의 초상화를 그리라는 부름이 아니라, 그 인물이 아무리 아름답다고 해도, 그 인물을 닮으라는 부름을 받았다는 것을 기억해야 한다. 물론 그 인물은 예수님이다.

예수님은 이 땅에서 사역하는 동안, "나처럼 되어라! 나처럼 행동하고, 나처럼 살면서 나처럼 웃고, 나처럼 사랑하라!"라고 말씀하셨다. 물론 예수님이 복음서에서 정확히 그렇게 말씀하신 것은 아니지만 "나를 따르라!"라고 말씀하셨을 때마다 그런 뜻을 암시하셨을 뿐 아니라 더 많은 뜻을 담아서 말씀하셨다.

이 책의 5장에서 자기 십자가를 지고 예수님을 따르라는 부름을 우리가 어떻게 심각하게 오해했는지에 대해 말했다. 예수님이 처음에 자신을 따랐던 이들에게 주셨던 최초의 명령인 동시에 궁극적으로는 우리 모두에게 주시는 명령, 즉 "나를 따르라!"라는 명령에 대해서도 똑같이 말할 수 있다.

정확한 비용 계산하기

"나를 따르라!"

우리는 오늘날에도 이 말을 종종 사용한다. 그러나 예수님이 본래 의도하셨던 대로 사용하지는 않는다. 일례로 처음 보는 어떤 사람이 우리 교회 건물로 들어와서 "유치부가 어디죠?"라고 물으면 나는 "저를 따라오세요!"라고 말한다. 그렇게 나는 그 사람을 데리고 복도를 지나 계단을 내려가서 목적지에 도착한다. 우리는 서로 가볍게 인사를 나누고 그렇게 '따르는' 행위는 종결된다.

"나를 따라오세요!"라는 우리들의 권유는 앞사람을 따라서 복도를 걷는 것, 앞 차를 따라 생소한 도로를 달리는 것, 뒤뜰을 뛰어가거나 잰걸음으로 걷는 것 등 매우 단순하고 또 때로는 매우 짧게 끝나는 여정의 뜻을 함축하고 있다.

이처럼 일상에서 누군가를 따라갈 때 우리는 보통 안전하고 신속하게 목적지에 도달하게 된다. 일반적으로 우리의 일상에서 누군가를 따라가기 위해 대단한 희생이나 생각이나 노력이 필요하지 않다. 그러나 예수님을 따라가는 문제는 다르다. 진지하고 진실하게 예수님을 따르기 위해서는 희생과 노력이 필요하다.

실로 불행하게도, 오늘날 많은 사람들이 '예수님을 따르는 것'을 파트타임의 비정규적인 '행사' 정도로 여기고 있는 것 같다. 그들은 진지하게 숙고하지 않고 즉흥적이며, 충동적으로 그 행사에 참여하려 한다. 하지만 예수님은 그렇게 경솔하게 결정하는 것에 대해 경고하셨다.

"너희 중의 누가 망대를 세우고자 할진대 자기의 가진 것이 준공하기까지에 족할는지 먼저 앉아 그 비용을 계산하지 아니하겠느냐 그렇게 아니하여 그 기초만 쌓고 능히 이루지 못하면 보는 자가 다 비웃어 이르되 이 사람이 공사를 시작하고 능히 이루지 못하였다 하리라" 눅 14:28-30.

망대를 건축하고자 하는 사람은 면밀히 계산을 해본 뒤에 결정을 내린다. 몽롱한 상태에서 상념 속을 방황하다가 갑자기 그런 결정에 이르는 사람도 없고, 무심코 그런 결정을 내리는 사람도 없다.

이 구절의 '계산하다'에 해당하는 헬라어 원어는 '조약돌을 갖고 셈하다'라는 의미로 구체적인 비용을 꼼꼼하게 산정하는 것을 뜻한다. 이 구절의 '계산하다'라는 단어는 어림짐작으로 견적을 뽑아보는 것에 반대되는 개념으로서 정확하게 계산을 내는 것을 나타냈다.

"또 어떤 임금이 다른 임금과 싸우러 갈 때에 먼저 앉아 일만 명으로써 저 이만 명을 거느리고 오는 자를 대적할 수 있을까 헤아리지 아니하겠느냐 만일 못할 터이면 그가 아직 멀리 있을 때에 사신을 보내어 화친을 청할지니라" 눅 14:31,32.

그 당시에 예수님을 둘러싸고 있던 군중들은 아무 어려움 없이 예수님의 메시지를 명백하게 이해했다.

망대를 건축하려고 한다면 당신이 갖고 있는 돈의 총액을 계산해야 한다. 전쟁에 나가려고 한다면 당신이 거느리고 있는 군사들의 수를 계산해야 한다. 마찬가지로 만일 당신이 예수님을 따르는 것을 시작하려고 한다면 거기에 드는 비용을 계산해야 한다.

예수님을 따르는 것은 비용이 많이 드는 결심이다. 많은 희생을 요하는 과업이다. 그야말로 당신의 모든 것을 희생시켜야 하는 일이다. 그러므로 무엇보다 먼저 고려해야 할 질문은 이것이다.

"나는 내 모든 것을 희생시켜서 예수님의 제자가 되려는 마음이 있는가?"

이는 극적 효과를 증대시키기 위한 수사학적 질문이 아니라 우리가 반드시 묻고 대답해야 하는 실제적인 질문이다. 이 질문은 명확한 대답을 요한다. 그리고 이 질문에 관한 한, '침묵하는 것'이 하나의 대답이 될 수 없다.

이 질문에 대답하기는 여간 어렵지 않다. 오늘 우리의 일상에서 잘 사용되지 않는 '제자'disciple라는 단어 때문이다. 사실 오늘 우리의 언어와 대화에는 그 단어가 실제적으로 등장하지 않는다. 그리고 이는 우리가 명확하게 이해하지도 못하는 질문에 대답해야 하는 상황에 처해 있음을 뜻한다.

오늘날 너무나도 많은 사람들이 정확한 비용을 계산하지 않고 충동적이고 즉흥적으로 예수님의 제자가 되는 일에 참여한다. 그것은 '제자'라는 단어의 의미를 제대로 알지 못하기 때문인지도 모른다.

우리는 AD 1세기의 랍비와 제자의 관계를 제대로 이해할 때 비로소 제자가 되는 것이 얼마나 많은 비용을 요하는 일인지 명백히 이해할 수 있다. 그리고 매우 흥미로운 일은 복음서에서 예수님 당시의 사람들이 예수님을 불렀던 호칭들 가운데 하나가 바로 '랍비'였다는 사실이다_{마 26:49,} _{막 11:21, 요 1:38 참조.}

AD 1세기 유대 사회에서 율법을 가르치는 랍비는 가장 존경받는 계층이었다. 그들은 율법의 전문가, 부지런히 율법을 공부하는 똑똑한 연구자들이었다. 랍비의 숫자가 적어서 그들을 만나는 것도 쉽지 않았다.

일반적으로 유대인 어린이들은 이른 나이부터 공부를 시작하였고 공부를 시작할 때부터 랍비의 제자가 되는 것을 목표로 삼았다. 따라서 그들은 하나님 말씀을 배우기 위한 심화 과정에 몰두했다. 토라Torah는 구약성경의 처음 다섯 권을 가리키는데, 그들은 토라를 달달 외우는 것으로 학업을 시작했다. 역사가들에 의하면 거의 대부분의 유대인 어린이들이 10세 무렵이면 토라를 통째로 암송했다고 한다. 창세기, 출애굽기, 레위기, 민수기, 신명기 그 다섯 권의 책들을 다 외웠다니 놀랍지 않은가(우리 집 아이들은 주일학교 요절도 외우지 못해서 쩔쩔맨다).

그뿐 아니다. 다른 아이들보다 좀 더 총명한 아이들은 10세 무렵, 장차 랍비의 제자가 되겠다는 소망을 이루기 위해 다른 아이들과 별도로 특별교육과정을 밟곤 했다. 이 과정의 상당 부분 역시도 성경을 암송하는 것, 토라뿐만 아니라 구약성경 전체를 암송하는 것이었다. 그래서 총명한 아이들은 13세에서 14세에 이르면 구약성경 39권을 토시 하나 틀리지 않고 완벽하게 암송했다. 누군가 다시 한 번 물을지도 모르겠다.

"창세기에서 말라기까지 통째로 외웠다고요?"

그렇다. 유대 사회가 정한 일정한 자격을 갖춘 아이들이 10대 후반에 이르면, 자신들이 선택한 랍비를 찾아가 "랍비여! 저를 제자로 삼아주소서!"라고 청하곤 했다. 어떤 학생이 한 랍비를 따르고자 한다는 것은 그 랍비의 '멍에'yoke를 기꺼이 지기를 원한다는 것, 즉 그 랍비가 직접 발전시킨 것이든 선대의 랍비들에게서 물려받은 것이든 그 랍비의 신념 체계나 율법 해석 방식을 그대로 따르기 원한다는 것을 의미했다.

그리고 랍비가 사람들에게 새로운 멍에가르침를 가르치는 것은 흔한 일이 아니었다. 대부분의 랍비는 다른 사람들의 생각을 인용하면서 다른 누군가의 멍에를 전하곤 했다. 대부분의 랍비는 사람들에게 "오늘은 아무개의 멍에를 가르칠 것이요!"라고 말하였고, 그 아무개 랍비의 멍에에 관심이 있는 사람들은 와서 경청했다. 하지만 어떤 랍비가 자신의 새로운 멍에를 가르칠 때 군중들이나 그의 문도는 그 어느 때보다 더 강렬하게 그 가르침에 매료되었다. 어떤 랍비가 자신의 새로운 멍에를 가르칠 때 군중들은 그의 가르침에 권위가 있다고 말했다. "가르침에 권위가 있다"는 말은 어디에서 많이 들어본 것 같지 않은가?

"예수께서 이 말씀을 마치시매 무리들이 그의 가르치심에 놀라니 이는 그 가르치시는 것이 권위 있는 자와 같고 그들의 서기관들과 같지 아니함일러라"마 7:28,29.

마태복음은 예수님이 산상수훈을 마치셨을 때 군중들이 깜짝 놀랐다고 기록하고 있다. 왜 놀랐던 것일까? 예수님이 그들이 한 번도 보지 못하였던 권위를 가지고 가르치셨기 때문이다. 누구나 예상할 수 있는 바, 하나님의 아들 예수님은 다른 누군가의 연구 데이터를 차용하지 않으셨다. 예수님은 자신의 멍에를 갖고 세상에 오셨다.

어떤 랍비가 와서 자신의 새로운 멍에를 가르칠 때 군중들은 그의 가르침을 듣기 위해 무슨 일이든지 순종했다. 그들은 그 랍비의 가르침을 듣기 위한 일념으로 아무리 먼 거리라도 기꺼이 걸어갔고, 여행을 위해 준비해온 음식과 물이 다 떨어지더라도 그 랍비가 있는 곳에 이를 때까지 결코 포기하지 않았다. 또한 산자락 맨땅에 몇 시간씩 앉아 그 랍비의 가르침을 경청하기도 했고, 좀 더 가까이 가기 위해 집 지붕을 뜯어내기도 했다.

한편 랍비들은 장래가 촉망되는 학생이 자신을 찾아와 문하에 들기를 청할 때 그 학생의 청을 받아줄지 거절할지 결정해야 했다. 그런 경우에 랍비들은 다음과 같은 기본적인 질문들을 던지지 않을 수 없었다.

"이 학생은 내 제자가 되기 위해 필요한 자질을 갖추고 있는가?" "이 학생은 나처럼 될 수 있을까?" "이 학생은 내가 지금 행하고 있는 일들을 행하는 데 필요한 요소를 갖고 있을까?"

랍비들은 한 아이의 능력과 지식을 테스트하기 위해 질문을 하곤 했다. 하나의 질문이 아니라 많은 질문들, 그 아이가 랍비 자신처럼 하나님 말씀을 안팎으로 완벽하게 알고 있는지 판단하는 데 도움이 되는 질문을 던지곤 했다.

성경의 단어와 구절, 단락들을 암기하고 있는 것만으로는 충분하지 않았다. 랍비는 "이 아이는 성경의 단어와 구절과 단락이 함축하는 뜻을 제대로 이해하고 있는가?" 하는 것을 무엇보다 중요하게 생각했다. 랍비가 제자 지망생에게 많은 질문을 던지는 것은 아이의 기를 꺾기 위해서가 아니었다. 그 질문들은 유약하고 미숙한 소년들boys에게서 강인하고 성숙한 성인들men을 구별해내기 위한 것이었다. 물론 실제로는 소년들에게서 소년들을 구별하는 것이었지만 말이다.

그렇게 랍비들은 일련의 질문들을 던지면서 제자 후보생을 테스트한 뒤, 그 학생이 랍비의 제자가 되는 데 필요한 모든 소양을 갖추었다는 판단이 들면 다음과 같이 단순하게 말하곤 했다.

"와서 나를 따르라!"

그리고 랍비의 제자로 받아들여진 아이들은 10대의 나이에 부모와 형제자매와 고향과 회당과 학교를 떠나고, 친구들과도 헤어졌다. 그런 아이들은 친숙한 모든 것들을 주저 없이 버렸고, 자신의 스승인 랍비처럼 되기 위해 자신을 바쳤으며, 랍비가 행하는 모든 것을 행했다. 스승인 랍비가 길을 걷다가 풀 한 잎사귀를 따서 먹으면 자기도 풀 한 잎사귀를 따서 입에 넣었다. 어떤 랍비의 제자로 받아들여진 아이는 말 그대로 랍비가 행하는 모든 것을 그대로 따라했다. 어떤 역사가는 랍비의 제자들이 스승의 행동을 하나도 놓치지 않기 위해 심지어 화장실까지 기꺼이 따라 들어갔다고 말하기도 한다. '화장실에서 용변을 보는 모습까지 따라

할 필요가 있었을까' 하는 생각이 들지만 말이다.

아무튼 랍비의 제자로 랍비를 따르기로 결단한다는 것은 곧 큰 희생을 치를 각오를 한다는 것을 의미했다. 그것은 총체적이고 완전한 '자기 포기'를 요하는 일이었다. 부분적으로 포기하는 것은 전혀 포기하지 않는 것이라는 말을 들은 기억이 난다. 랍비의 제자로 들어간 학생에게는 랍비를 따르는 것이 삶의 유일한 우선순위였다. 랍비와 제자의 관계는 총체적이고 완벽한 헌신으로 규정되었다.

'랍비의 제자가 되는 것!'

그것은 비용이 많이 들어가는 결단, 모든 것들의 희생을 요하는 결단이었다.

가끔이 아니라 언제나 해야 하는 무엇

예수님을 따르는 것은 가끔씩 해도 좋은 무엇이 아니다. 예수님을 따르는 것은 매일 매 순간마다 해야 하는 일이다.

그리고 당신이 예수님을 아주 가까이에서 따를 때, 당신 삶에서 몇 가지 특질들이 나타날 것이다. 그러나 우리가 그런 특질들을 나타내기 위해 예수님을 따르는 것은 결코 아니다. 그런 특질들은 단지 예수님을 따르는 데서 나온 열매일 뿐이다. 혹은 예수님을 따르고 있다는 것을 나타내는 표시일 뿐이라고 해도 좋다.

이 점을 분명히 짚어두었으니, 예수님을 따르는 것을 하나의 목록으로 축소할 수 있다고 생각하는 흔한 함정에 빠지지 말라. 예수님을 따르는 것을 규칙의 목록이나 행위의 목록으로 축소시키면 안 된다. 심지어 우리가 예수님을 가까이에서 따를 때 실로 아름답고 거룩한 특질들을 나타내게 된다 하더라도, '예수님을 따르는 것'을 그러한 특질들의 목록으로 표현해내거나 축소해서는 안 된다.

이것만은 꼭 기억해야 한다. 기독교 신앙은 하나의 목록, 하나의 신조, 하나의 교리를 따르는 것이 아니다! 예수님을 따르는 것은 예수라는 이름을 가진 실제 인물을 따르는 것이다! 주일뿐 아니라 월요일에서 토요일까지, 평일에도 그분을 따라야 한다.

1. 만일 당신이 예수님의 초상화를 그린다면 그 그림에 어떤 특질들을 부여하고 싶은가?

2. 예수님은 "나를 따르라"라고 말씀하셨을 때 어떤 의미들을 함축하셨을까? 당신의 생각을 말해보라. 오늘 우리의 사회에서 예수님을 따른다는 것은 어떤 의미를 가지고 있는가?

3. 오늘 당신이 예수님을 따르는 데 가장 큰 장애가 되는 것이 있다면 무엇인가? 두려움인가? 안일함인가? 아니면 불안함인가?

4. 예수님을 따르는 데 필요한 비용희생을 실제로 계산해본 적이 있는가? 충분히 생각하지 않은 상태에서 충동적이고 즉흥적으로 제자가 되겠다고 하는 것이 가능하다고 보는가?

자비롭고 거룩하신 아버지시여!
아버지를 따르라고 초대해주시고 이끌어주셔서 감사드립니다.
저희가 아버지를 따르는 것보다 훨씬 못한 것에
안주하던 때가 있었습니다.
그러한 태도를 보였던 저희를 용서해주소서!
예수님처럼 살고 예수님처럼 사랑하게 계속 가르쳐주소서!
아버지를 따르는 길은 많은 희생을 요하지만 현세와 내세에서
그 희생보다 훨씬 더 큰 상급을 받게 될 것을 믿습니다.
규칙의 목록이나 신조나 특정한 전통을 따르는 것에 만족하면
안 된다는 것을 지속적으로 상기시켜주소서!
오직 아버지를 따르는 것에 만족해야 한다는 것을 계속 일깨워주소서!
예수님의 이름으로 기도드립니다. 아멘.

14
CHAPTER

좋은 소식

당신은 주변 사람들에게 좋은 소식인가

다른 사람에게 좋은 소식이 되는 것

예수님은 서른 살 즈음 마침내 이 땅에서 공생애를 시작하셨을 때, 즉각 말씀을 전파하고 가르치셨다. 어쩌면 당신은, 예수님이 하나님의 아들이었으니까 그 메시지에 복잡한 신학을 아로새겨 넣었을 것이라 예상할지 모른다. 그러나 예수님의 가르침은 대단히 평이했으며 매우 단순했다. 예수님의 메시지는 한 마디로 요약할 수 있다.

"때가 찼고 하나님의 나라가 가까이 왔으니 회개하고 복음을 믿으라"
막 1:15.

예수님은 세 가지 대지로 설교를 구성하는 것이나 성가실 만큼 정교하게 두운을 맞추어 대지를 짜는 것에 관심이 없으셨다. 예수님은 한 가지 대지만 전파하는 설교자였다.

예수님은 3년의 공생애 기간 동안에 어디를 가든지 복음을 가르치셨다. 알고 있겠지만 '복음'福音이라는 단어는 '좋은 소식'이라는 뜻이다. 예수님은 사람들에게 좋은 소식을 가르치셨다. 그뿐 아니라 친히 사람들에게 좋은 소식이 되셨다.

복음서의 이야기를 살펴보면 예수님이 주린 자들을 먹이셨고, 가난한 자들을 돌보셨으며, 사회의 가장자리로 내몰린 사람들의 존엄성을 회복시켜주셨고, 악한 영들을 몰아내셨음을 알 수 있다. 예수님의 생애와 사역은 예수님을 따르는 사람이 응당 따라야 할 가장 높은 모범이요, 본보기이다.

예수님을 따르는 것은 방향적 의미에서 어떤 길의 동쪽이나 서쪽으로 예수님을 따라가는 것이라기보다 예수님이 열중하셨던 것에 똑같이 열중하는 것이라고 할 수 있다. 예수님을 따른다는 것은 우리가 이쪽으로 가는가, 저쪽으로 가는가, 혹은 다른 어떤 쪽으로 가는가 하는 것과 무관하다. 예수님을 따른다는 것은 어디를 가든지 다른 사람에게 좋은 소식이 되느냐 되지 못하느냐 하는 것과 연관되어 있다.

"나는 주변 사람들에게 좋은 소식이 되고 있는가?" "나는 내 영향력의 범위 안에 있는 사람들에게 좋은 소식이 되고 있는가?"

나는 매일 나 자신에게 이 질문을 한다. 그리고 때로는 나의 정직한 대답에 기뻐하기도 하고 아쉬워하기도 한다. 이제 똑같은 질문을 당신에게 하겠다.

"당신은 당신이 영향을 끼칠 수 있는 범위 안에 있는 사람에게 좋은 소식이 되고 있는가?"

여기서 내가 '사람에게 좋은 소식이 되는 것'이라는 말을 할 때, 그것은 곧 소망과 기쁨과 평화와 인내와 친절과 절제와 사랑으로 우리 일상의 환경을 가득 채우는 것을 뜻한다. 물론 우리는 인생의 환경을 좌우할 능력을 갖고 있지 않다. 하지만 주변 환경에 영향을 끼치는 방법은 절대적으로 결정할 수 있다.

사람들은 당신과 함께 있을 때 불안해하고 긴장하는 경향이 있는가? 아니면 당신은 사람들의 마음과 생각을 편안하게 해주는 성품을 갖고 있는가? 당신은 다른 사람들과 대화할 때, 앞에 있는 사람들을 깔보는 듯 퉁명스러운 어조로 말하는가? 아니면 공격적이고 방어적인 진술들이 비집고 들어올 자리가 없는 진솔한 대화를 이어가는 어조로 말하는가? 어떤 사람이 잘못하여 죄에 걸려 넘어졌을 때, 당신에게 말하면 사랑의 진리를 대면할 수 있을 것으로 확신하여 당신에게 비밀을 털어놓는 경향이 있는가? 아니면 당신에게 말해보았자 가혹한 판단과 비난만 받으리라는 것을 알기에 숨기려 하는가?

물론 당신이 다른 사람들에게 좋은 소식이 되고 있는지 그렇지 못한지를 이런 몇 가지 질문들로 완전히 평가할 수는 없다. 하지만 당신이 나와 다르지 않다면 이 몇 가지 질문에 정직하게 대답하는 것만으로도 자신을 충분히 평가할 수 있을 것이다.

당신은 다른 사람에게 좋은 소식이 되고 있는가? 우리는 예수님이 아니다. 우리들 가운데 그 누구도 이 땅에 다시 태어난 예수님이 아니다. 그러므로 우리는 모든 사람들에게 언제나 좋은 소식이 될 수는 없다. 이는 명명백백한 사실이다. 그러나 그것을 핑계로 위의 질문에 대한 답을 기피하는 것은 옳지 않다. 다시 한 번 묻겠다.

'당신은 인생길에서 다른 사람에게 좋은 소식이 되고 있는가?'

중학생 판사

부끄럽고 불행한 일이지만 나 자신의 사춘기를 반추할 때, 주변 사람들에게 좋은 소식이 되지 못했던 때가 많았을 뿐 아니라 여러 가지 바람직하지 못한 태도로 주변 사람들을 대하였음을 인정하지 않을 수 없다. 내가 어떠한 영적 환경에서 성장하였는지는 앞에서 간략히 말한 바 있다. 그러한 환경 안에 있는 그리스도인이 다른 사람들에게 '좋은 소식'이 될 리 만무하다는 것은 두말할 필요도 없다.

그 시절 나는 교회 어른들이 하는 대로 따라 했다. 그래서 중학교와 고등학교 시절에 거의 매일 검정색 긴 가운을 입고, 손에는 언제나 의사봉을 쥐고 있는 대법관처럼 행동했다. 나는 당시 출석하던 교회에서 정한 표준과 규칙들에 근거하여, 누구를 만나든지 서슴지 않고 판단하고 심판하는 절대적인 판사요, 배심원이었다.

그렇게 나는 예수님을 따르는 것을 일련의 규칙 체계를 따르는 것과 동일시하면서 몇 해를 살았다. 나는 다른 사람을 습관적으로 아주 쉽게 판단했다. 내가 지키는 것과 똑같은 규칙을 지키는 사람은 제외되었지만 그렇지 않은 사람은 누구든지 나의 판단의 예봉을 피하지 못했다. 때로 나는 속으로 판단한 것들을 겉으로 드러낼 만큼 용감하기도 했지만, 대부분의 경우에는 내 마음의 법정에서 남들을 판단하곤 했다.

어쨌든 나는 판단하는 일을 멈추지 않았다. 친구들과 대화하다가 최근 누군가의 집에서 흥청망청 먹고 마시는 파티가 열렸다든지 혹은 최근 개봉된 19세 등급의 영화에 모든 아이들이 가고 싶어 한다는 말이 들리면 마음속으로 정죄하고 공개적으로 여지없이 판단의 의사봉을 내려치곤 했다.

그런 사례들 가운데 기억에서 영원히 지울 수 없을 것 같은 사건이 하나 있다. 누군가가 그 기억을 제발 좀 지워주면 좋겠다고 생각할 정도이다!

고등학교 시절에 영어작문 수업을 같이 듣는 친구가 있었다. 그 애의 아버지는 비극적으로 자살했다. 나는 우리 학교의 합창단원으로서 그 친구의 아버지 장례식에서 조가弔歌를 부르기도 했다. 그 친구가 아버지 장례식을 마치고 수업에 복귀한 지 몇 주 후에, 친구들 몇 명이 우연히 자살을 주제로 대화를 나누게 되었다. 그 자리에서 내가, 얼마 전에 비극적인 자살로 아버지를 잃은 그 친구가 거기 앉아 있다는 사실을 전혀 염두에 두지 않고, 자살한 사람이 왜 천국에 들어갈 수 없는지에 대해 장광설을 늘어놓았던 것이다. 나는 누구든지 자살한 사람은 자신과 하나님 양자兩者

에 대한 소망과 기대를 제멋대로 포기한 것이므로 하나님께서 그런 사람을 천국에 받아줄 이유가 없다고 기고만장하여 의기양양한 자세로 설명했다.

그로부터 적지 않은 세월이 지난 지금 이 순간도 그때만 생각하면 그 친구에게 너무나 미안하고 부끄러워서 가슴이 찢어지며 왈칵 눈물이 쏟아진다. 만약 그때 예수님이 그곳에 계셨다면 어떻게 하셨을까? 자살에 관한 대화가 시작되자마자 그 친구를 꼭 끌어안으셨을 것이고, 자살은 지옥으로 가는 직행 티켓이라고 내가 일장 연설을 늘어놓는 내내, 그 친구의 등을 토닥거려주셨을 것이다.

당신은 그들에게 좋은 소식인가

정말로 부끄러운 이야기이다. 나는 그 시절, 이런저런 면에서 다른 사람들에게 좋은 소식이 되지 못했다. 그러나 이후 하나님께서 나를 사랑의 은혜로 씻어주셨다. 그 결과 지금은 내 주변의 사람들, 즉 내가 실제적으로 영향을 끼칠 수 있는 범위 안에 있는 사람에게 좋은 소식이 되고 있다고 생각하는 정도에 이르게 되었다. 아울러 내가 다른 사람에게 좋은 소식이 될 때 그들에게 예수님의 좋은 소식을 전할 기회를 얻게 된다는 사실도 계속 깨달아가는 중이다.

물론 다른 사람에게 좋은 소식이 되어도 예수님의 좋은 소식을 전할 기회를 얻지 못할 수도 있다. 그러나 어떤 상황에서도 우리는 다른 사람에게 좋은 소식이 되라는 부름을 받았기에 순종해야 한다. 왜냐하면 예수님도 그 부름에 순종하는 삶을 사셨기 때문이다.

당신은 좋은 소식인가? 당신 주변 사람들과 맺고 있는 관계에 대해 곰곰이 생각해보라. 직장 동료, 이웃, 친지들과의 관계에서 당신은 그들에게 좋은 소식인가?

이러한 질문을 진지하게 고려할 때 당신이 정말 예수님을 따르는 사람인지 아니면 매주 특정한 날, 특정한 시간마다 특정한 건물에 모습을 나타내는 사람인지 더 예리하게 점검하며 확인할 수 있다.

1. 당신의 삶을 정직하게 살핀 뒤에 대답해보라. 당신의 영향력의 범위 안에서 당신은 좋은 소식이 되고 있는가?

2. 다른 사람에게 좋은 소식이 되지 못한 것이 분명하다고 생각되는 때에 대해 생각해보라. 그러한 경험을 통해 얻을 수 있는 교훈은 무엇인가?

3. 다른 사람에게 좋은 소식이 되기 위해서는 종종 의도적인 노력이 필요하다. 당신은 의도적으로 어떤 노력을 할 수 있는가?

4. 당신 주변에는 다른 사람에게 좋은 소식이 되고 있다고 생각되는 사람들이 있는가? 그들에 대해 말해보라. 그의 어떤 면 때문에 그렇게 생각하는가? 구체적인 예를 들어보라.

자비롭고 거룩하신 아버지시여!
인생길을 가면서 만나는 모든 사람에게
좋은 소식이 될 수 있도록 지혜와 용기를 허락하소서!
저희가 전하는 메시지와 일치하는 삶을 살게 하소서!
겸손한 심령을 허락하시어 혹시 넘어질 때가 생겨도
기꺼이 자복하며 회개할 수 있게 해주소서!
많은 사람에게 좋은 소식이 되는 삶의 본을
보여주신 것에 감사드립니다.
예수님의 이름으로 기도드립니다. 아멘.

CHAPTER

15

안드레처럼

교회가 아니라 예수님께 직접 데려가라

강력 접착테이프로 고칠 수 없는 것

주택 개량용품을 전문으로 판매하는 대형마트에 가본 사람이라면 어떤 코너에 가든지 진열대 여기저기에 원통형의 강력 접착테이프가 주렁주렁 매달려 있는 것을 보았을 것이다. 페인트 코너를 시작으로 잔디 깎기 코너, 파이프 코너, 목재 코너, 주방용품과 원예 코너까지 각종 접착테이프들이 그야말로 2,3미터 간격으로 주렁주렁 매달려 있다. 이는 다음과 같은 소비자의 잠재의식을 노린 전략적 상술이다.

"강력 접착테이프로 모든 것을 다 고칠 수 있어요!"

아마 당신은 강력 접착테이프가 모든 것을 다 고칠 수는 없다는 사실을 대부분의 소비자들이 알고 있을 것이라고 생각할 것이다. 당신의 생각이 옳을 수도 있다. 하지만 나는 그 '대부분의 소비자'에 들지 못하는 모양이다.

재작년 어느 날, 아내와 밤늦게 집으로 돌아오다가 우리 집 우편함이 떨어져 있는 것을 발견했다. 놀라운 일은 아니었다. 우리 동네 개구쟁이 녀석들 몇몇이 이웃집 문간에 걸려 있는 우편함을 발로 차서 떨어뜨리는 재미에 푹 빠져 있던 탓에 그런 일이 다반사로 일어났기 때문이다.

매우 늦은 시간이었지만 나는 한 집안의 가장이 해야 할 일에 착수했다. 일단 나는 우리 집 차고의 '연장 코너'로 곧장 향했다(여기서 '연장 코너' 란 내 연장들이 담긴 플라스틱 밀폐용기를 뜻한다). 지나가는 말이지만 내 아내는 가끔 내 연장들에 대해 싫은 소리를 한다. 왜 하필이면 완구를 전문으로 제조하는 업체에서 만든 도구를 사용하느냐는 것이다. 하지만 나는 아내의 잔소리에 별로 개의치 않는다. 완구 전문 제조업체에서 생산했다고 진짜 연장이 아닌 것은 아니기 때문이다.

아무튼 나는 그 연장통에 정말 좋은 연장 몇 개를 갖고 있다. 하지만 내가 무슨 작업을 하든지 첫 번째로 집어 드는 연장 두 개가 있었으니, 하나는 순간접착제요, 다른 하나는 강력 접착테이프였다.

그날 밤도 마찬가지였다. 나는 순간접착제와 강력 접착테이프를 들고 밖으로 나가, 5분도 안 되어 우편함을 원래 위치에 성공적으로 달아놓았다. 임시변통의 해결책처럼 보일지 모른다. 그러나 자랑스럽게 말하건대 그렇게 순간접착제와 강력 접착테이프로 고정시킨 우편함은 동네 개구쟁이들이 장난을 치지 않는 한 1년 이상을 버티어냈다.

물론 일주일이나 보름에 한 번씩 테이프를 덧대야 했지만, 나 역시 대부분의 남자들과 마찬가지로 자기가 가장 좋아하는 연장을 사용할 기회를 즐겼기 때문에 그것을 번거로운 수고로 여기지 않았다. 나는 확고한 작업 철학을 갖고 있었다. "무엇이든지 강력 접착테이프로 고칠 수 없는 것은 '더 많은' 강력 접착테이프로 고칠 수 있다!" 하지만 이제는 그런 입장을 철회하고 있다. 강력 접착테이프로도 고칠 수 없는 것이 몇 가지 있기 때문이다. 아내는 나보다 더 자세히 알고 있다.

우리가 지금 이 시대의 기독교 신앙에 대해 정직해진다면 이 책의 서두에서 논의했던 문제, 즉 우리가 '주일 중심의 신앙'이라는 문제를 갖고 있음을 인정하지 않을 수 없다. 물론 오늘날의 모든 성도들이 주일 중심의 신앙에 만족하고 있는 것은 분명 아니다. 하지만 나는 그 문제가 우리가 인정하려는 것보다 훨씬 더 많은 그리스도인에게 영향을 끼치고 있다고 생각한다. 그리고 강력 접착테이프로는 절대로 그 문제를 해결할 수 없다는 사실을 알고 있다.

에베소교회의 심각한 문제

자신이 주일 중심의 신앙생활을 하면서 다음 세대에게 그 형태를 물려주는 경향을 되돌려놓기 위한 쉬운 방책은 없다. 우리들 가운데 많은 이들은 심지어 자신이 그러한 문제를 갖고 있다는 사실조차 인식하지 못한다. 주일 중심의 신앙이 우리에게 너무 자연스러운 형태가 되었기 때문이다. 몹시도 슬픈 일이지만, 어쩌면 그것이 우리가 기독교 신앙에 대해 알고 있는 유일한 것인지도 모른다.

만일 당신이 주일 중심의 신앙에 만족해왔다면, 혹은 '이건 아닌 것 같아'라고 생각하면서도 자신도 모르게 주일 중심의 신앙에 안주해왔다면, 다시 말해서 의도적으로든 무심코든 주일 중심의 신앙생활을 했어도 걱정하지 말라. 초조해하거나 자책하지 말라. 이런 것들은 합당한 반응이 아니다. 합당한 반응이 딱 하나 있다.

요한계시록 앞부분에는 소아시아의 일곱 교회에 보내는 일곱 편지가 나온다. 요한계시록은 요한이 기록했을지라도 이 편지는 사실 예수님이 기록하셨다. 어느 주일 아침에 강단에서 이런 말을 했다가 예배가 끝난 뒤에 어떤 사람에게, 예수님이 하지도 않은 말을 예수님이 한 것처럼 비유적으로 말했다는 이유로 꾸지람을 들은 적이 있었다. 그러나 그 사람에게는 미안한 말이지만 그 편지들은 분명 예수님이 기록하셨다. 어떤 면에서 예수님은 그 편지에서 일곱 교회를 현미경 슬라이드 위에 올려놓고 상태를 진단하신다.

"에베소교회의 사자에게 편지하라 오른손에 있는 일곱 별을 붙잡고 일곱 금 촛대 사이를 거니시는 이가 이르시되 내가 네 행위와 수고와 네 인내를 알고 또 악한 자들을 용납하지 아니한 것과 자칭 사도라 하되 아닌 자들을 시험하여 그의 거짓된 것을 네가 드러낸 것과 또 네가 참고 내 이름을 위하여 견디고 게으르지 아니한 것을 아노라"계 2:1-3.

예수님은 에베소교회를 진단하기 시작하신다. 모든 것들이 좋아 보인다. 예수님의 말씀으로 미루어볼 때, 그들이 한순간도 방심하지 않고 죄를 경계하였고, 모든 죄를 정면으로 거부하였음이 분명하다. 그들은 동시대의 전반적 문화가 진리를 상대적인 개념으로 만들 때도 절대적인 진리를 고수하였고, 박해를 당해도 믿음을 굽히지 않았으며, 극한의 상황을 겪은 이후에도 믿음의 달음질을 계속했다. 그들은 상기 몇 구절에서 만점의 평가를 받는다. 예수님은 엄지손가락 두 개를 치켜세우며 그들을 칭찬하신다.

그런데 4절과 5절에서는 상황이 달라진다. 에베소교회의 표면 아래 심각한 문제가 있었음이 분명하다.

"그러나 너를 책망할 것이 있나니 너의 처음 사랑을 버렸느니라 그러므로 어디서 떨어졌는지를 생각하고 회개하여 처음 행위를 가지라 만일 그리하지 아니하고 회개하지 아니하면 내가 네게 가서 네 촛대를 그 자리에서 옮기리라"계 2:4,5.

예수님은 에베소교회가 처음 사랑을 버렸다고 말씀하신다. 어떤 사람은 이 말씀이, 교회 교인들이 이웃 사랑하기를 중단했다는 것을 뜻한다고 말한다. 반면 나를 포함한 대부분의 사람은 에베소교회가 예수님 사랑하기를 중단했다고 생각한다. 그러나 어떤 식으로 보든지 결과는 동일하다. 인간을 사랑하기를 중단하는 것이 곧 예수님 사랑하기를 중단하는 것이기 때문이다.

합당한 반응

다른 사람들을 사랑하는 것은 그리스도인의 삶의 선택사항이 아니다. 어떤 사람은 다른 사람을 진짜 사랑하는 것을 특정한 그리스도인이 소유할 수도 있고 소유하지 못할 수도 있는 영적 은사로 간주하는 것 같다. 그들은 당신이 사랑의 은사를 소유하고 있지 못해도, 그 은사를 소유한 누군가가 다른 사람을 사랑할 것이므로 아무 문제가 없다고 말한다. 그러나 그리스도인의 삶은 그런 것이 아니다.

아무튼, 어쨌든, 어떻든 에베소교회는 처음 사랑을 버렸다. 나는 그들이 의도적으로 처음 사랑을 버린 것은 아니었을 것이라고 확신한다. 행복한 결혼생활을 유지하는 부부들 가운데 자신의 사랑을 의도적으로 차갑게 냉각시키는 사람은 없다. 하지만 살다보면 자신도 모르게 상대방에게 실망하고, 사랑이 점점 식는다. 이것은 느리지만 지속적으로 진행되는 과정이다. 처음 사랑은 그렇게 상실된다.

그리스도를 향한 우리의 처음 사랑을 잃는 것! 그것은 여러 가지 다양한 뜻을 가질 수도 있고 또 다양한 양상을 띨 수도 있다. 일주일 7일 내내, 하루 24시간 내내 생동하는 신앙 대신 주일 중심의 신앙생활에 만족하는 것이 대표적인 예이다.

예수님은 에베소교회에 보내는 편지의 후반부에서 처음 사랑을 버린 것에 대해 합당하게 반응하는 법을 분명히 가르치신다.

"회개하라!"

사람들은 종종 성경이 말하는 회개를 위협이나 협박의 관점에서 생각하는 경향이 있다. 하지만 절대 그렇지 않다. 그것은 하나의 초대이다. 돌아오라는 초대, 다시 시작하라는 초대, 온전해지고 새로워지며 올바르게 되라는 초대이다.

만일 당신이 지금 주일 중심의 신앙에 만족하고 있다고 해도, 예수님이 두 주먹을 불끈 쥐고 나비처럼 날아 벌처럼 쏠 기회를 찾기 위해 당신 주변을 맴돌고 계신 것이 아니니 두려워하지 말라. 걱정하지 말라. 예수님은 지금 두 팔을 벌리고 당신 옆에 서서 돌아오라고 초대하고 계신다.

우리가 주일 중심의 신앙을 갖고 있음을 깨달았을 때 보여야 할 합당한 반응은 회개하는 것이다. 그러나 우리 자신은 회개한다 해도, 주일 중심의 신앙이 다른 성도에 의해 영속화되는 것을 막으려면 어떻게 해야 하는가? 다시 말해서, 주일 중심의 신앙이 이 사람에게서 저 사람에게 전해지고, 다시 저 사람에게서 또 다른 사람에게 전해지는 악순환의 고리를 끊으려면 어떻게 해야 하는가?

악순환의 고리를 끊기 위한 제안

딱 한 가지만 제안하고 싶다. 어떤 사람에게는 얼토당토않은 헛소리로 들릴지 모르겠지만 어떤 사람은 내 진의를 이해할 수 있을 것이다. 나의 한 가지 제안이란 바로 이것이다.

"주일에 사람들을 교회에 초대하는 것을 중단하라!"

이런 말이 광자(狂者)의 허튼소리로 들릴 수도 있다. 소위 목회자라는 사람이 그런 말을 해서 놀랐을 수도 있다!

우리는 교인들에게 초대하고, 또 초대하며, 제발 초대하라고 권면한다. 데려오고, 또 데려오며, 제발 좀 데려오라고 늘 권고하고 있다.

'누구'를 초대하라고 하는가? '사람들'을 초대하라고 한다!

'어디로' 데려오라고 하는가? '교회로' 데려오라고 한다!

'언제' 데려오라고 하는가? '주일에' 데려오라고 한다!

사람들을 주일에 교회로 초대하는 것은 분명 가치 있는 일이다. 그러나 우리의 초대가 언제나 단지 매주 일요일 특정한 시간에 어떤 건물에 나오라는 의미를 가질 때, 우리의 초대를 받은 사람은 매주 일요일 특정 시간에 어떤 건물에 가는 것을 신앙의 토대로 삼을 확률이 높아진다. 혹은 더 정확하게 말해서, 그날 그 건물에서 보내는 그 시간을 자신의 새로운 신앙의 공전 축으로 삼을 가능성이 높다.

한편 믿지 않는 사람을 주일에 교회로 초대하는 우리에 대해 말하자면, 단지 누군가를 주일에 교회로 초대함으로써 그들을 예수님께 인도하는 몫을 목회자에게 맡긴 후 성도의 본분을 다했다고 믿기가 쉽다. 또 그렇게 믿는 것이 여간 솔깃한 일이 아닐 수 없다. 우리는 그런 식으로 평신도와 목회자의 역할을 정확히 구분해놓음으로써 교회로서 우리의 본분에 관한 균형 잡힌 시각을 거의 잃어버리게 되었다.

사실 신약시대에는 목회자와 평신도의 구분이 없었다. 단지 그리스도인들만 있었다. 그들 모두가 세상으로 들어가, 십자가에 못 박혀 죽었다가 부활하시어 우리 모두의 생명이 되신 예수 그리스도의 복음에 대한 메시지를 전파하도록 보냄을 받았다. 우리 모두는 목회자이든 평신도이든, 교회에서 중요한 직분을 맡고 있든 그렇지 않든, 똑같이 예수님을 따르는 자로서 보냄을 받았다.

예배당에 가자고 사람들을 초대하는 것은 그들에게 예수님을 소개하기 위한 뒷구멍, 즉 부차적 수단이다. 그런 방법 대신에 정면 돌파하는 방법을 쓰는 것이 어떻겠는가? 예배당에 가자고 사람들을 초대하기보다 처음부터 예수님을 따르자고 초대하는 것이다.

데리고 예수께로 오니

예수님의 제자들 가운데 그리스도인이 가장 간과해온 사람이 안드레일 것이다. 그의 형제 베드로가 세상의 주목과 시선을 한 몸에 받으면서 실로 두드러진 삶을 살았기 때문에 상대적으로 안드레가 가려져 잘 안 보였을 수 있다.

베드로는 예수님께 교회의 기초가 될 반석이라는 칭찬을 받았다가 곧바로 다시 사탄이라는 말을 들었던 사람이다. 베드로는 수탉이 울기 전에 예수님을 세 번이나 부인한 사람이었다. 발을 씻어주겠다는 예수님의 제안을 처음에는 거부했다가 나중에는 아예 목욕을 시켜달라고 청한 사람이었다. 오순절에 최초로 복음을 선포하며 설교한 사람이었다. 베드로는 언제나 마이크를 손에 쥐고 있었다. 그는 때로는 바람직한 행동으로, 그리고 그보다 더 많은 경우에는 바람직하지 못한 행동으로 언제나 세상의 조명을 받으면서 살았다.

하지만 안드레는 그렇지 못했다. 사실 그는 성경에 거의 언급되어 있지 않다. 그러나 성경에 언급되어 있는 몇 가지 경우, 그가 베드로와 똑같은 일, 즉 누군가를 예수님께 데려오는 일을 했다는 것을 알 수 있다. 참으로 흥미로운 사실은 안드레가 최초로 예수님께 데려온 사람이 바로 베드로였다는 것이다. 그 이야기는 요한복음 1장에 자세히 나온다.

어느 날 세례 요한이 자신의 두 제자와 함께 있는데 예수님이 그 곁을 지나가셨다. 이에 세례 요한이 예수님을 보고 소리쳤다.

"보라 세상 죄를 지고 가는 하나님의 어린양이로다"요 1:29.

그러자 세례 요한의 제자였던 안드레와 다른 한 사람이 그 말을 듣고 예수님을 따라갔고 예수님이 머물고 계신 곳까지 가서 그날 밤을 함께 보냈다. 그런 뒤에 안드레가 가장 먼저 한 일은 자기 형제 시몬베드로을 찾아가서 "우리가 메시아를 만났다"고 말한 것이었다. 그런 다음 안드레는 무엇을 하였을까? 요한복음에서는 이렇게 말한다.

"데리고 예수께로 오니"요 1:42.

안드레는 예수님이 5천 명을 먹이셨을 때도 현장에 있었다. 예수님은 그 이적을 일으키기 전 한 가지 질문으로 제자들을 테스트하셨다.

"우리가 어디서 떡을 사서 이 사람들을 먹이겠느냐"요 6:5.

그러자 빌립이 대답했다.

"각 사람으로 조금씩 받게 할지라도 이백 데나리온의 떡이 부족하리이다"요 6:7.

빌립은 테스트에 합격하지 못했다. 그러나 안드레는 달랐다.

"제자 중 하나 곧 시몬 베드로의 형제 안드레가 예수께 여짜오되 여기 한 아이가 있어 보리떡 다섯 개와 물고기 두 마리를 가지고 있나이다 그러나 그것이 이 많은 사람에게 얼마나 되겠사옵나이까"요 6:8,9.

안드레는 상황이 어떻게 전개될지 전혀 알지 못했다. 하지만 그는 누군가를(이 사건에서는 한 아이를) 예수님께 데려왔다.

나는 하나님 말씀을 정확하고 꼼꼼하게 연구하는 좋은 학생이 되기를 원한다. 말씀이 말하지 않는 것들을, 말하고 있는 것처럼 말하고 싶지 않다. 여기서 오직 나만이 알고 있는 비밀스러운 '안드레 신학'이 있다고 암시하는 것이 절대 아니다. 하지만 분명하게 주장하고 싶은 것이 하나 있다. 안드레가 언제나, 어떻게든지 사람들을 예수님께 연결하는 역할을 했다는 것이다.

요한복음 12장에는 헬라인 몇 사람이 빌립을 찾아가 예수님을 만나게 해달라고 청했다는 이야기가 나온다. 그들의 부탁을 받은 빌립은 곧바로 다리를 놔준다. 아마 당신은 빌립이 예수님을 곧장 찾아가 그 헬라 사람들에 대해 말했을 것이라고 예상할 것이다. 하지만 빌립은 그렇게 하지 않았다. 대신에 안드레를 먼저 찾아갔고 그리하여 두 사람이 함께 예수님께 갔다.

왜 빌립은 안드레를 먼저 찾아갔을까? 말씀에 내포되어 있지 않은 과도한 의미를 말씀에 부여하는 과오를 범하고 싶지 않다. 하지만 빌립이 먼저 안드레를 찾아간 까닭이, 안드레가 항상 사람들을 예수님께 연결해 주는 역할을 하고 있었기 때문이라는 것은 어느 정도 명백하다. 안드레는 자신의 형제 베드로의 그늘에 가려진 삶을 살았을지도 모른다. 사실 그는 성경에서 거의 언제나 베드로의 형제라고 언급되고 있다. 그러나 안드레는 다른 사람을 가능한 한 빨리 예수님께 데려가는 삶을 살았다.

이 대목에서 나 자신과 당신에게 묻지 않을 수 없다.

"만일 우리가 안드레의 방식을 본으로 삼는다면 어떤 일들이 일어나겠는가? 사람들을 특정한 날 특정 시간에 특정 장소로 초대하여, 거기에서 그들이 교회의 음악이나 강의나 설교를 통해 예수님을 대면하게 되기를 막연히 바라는 대신에 안드레처럼 가능한 한 빨리 그들을 '예수님'께 데려간다면 어떤 일들이 일어나겠는가?"

신랑에게 직접 소개하자

요컨대 사람들을 신부교회에게 먼저 소개하고 나서 그들이 신랑그리스도을 만나게 되기를 막연히 바라는 대신 그들을 신랑에게 직접 소개하는 것이 어떻겠느냐는 것이다.

나는 정반대로 하는 일이 많다. 몰라서 그러는 것이 아니다. 나는 한 사람의 그리스도인으로서 나의 본분이 무엇인지 정말로 잘 알고 있다. 그러나 믿지 않는 사람을 만나 예수님에 관하여 직접적으로 이야기를 나누기보다는 우리 교회의 어떤 프로그램이나 활동이나 예배에 초대하기를 더 좋아하는 나 자신의 모습을 종종 발견한다.

믿지 않는 사람에게 영적 진리를 전하려면 '경청을 받을'to be heard 권리를 먼저 얻어야 한다고 주장하는 사람들도 많고 또 그러한 권리를 얻기 위한 방법들에 관한 논의도 많다. 정말일까? 그럴싸하게 꾸며진 핑계는 아닐까? 효율적으로 복음을 전하려면 사전 준비 작업에 만전을 기해야 한다는 주장에 담긴 선한 의도를 모르는 바가 아니지만 전도에 대한 그러한 접근방식은 아무래도 복음전도에 긴급성을 결하고 있는 인상을 지우기 힘들다.

안드레는 '경청을 받을' 권리를 얻는 데 시간을 허비하지 않았다. 대신에 가능한 한 빨리 사람들을 예수님께 데려갔다.

우리가 예수님을 가까이에서 따르기 위해 힘쓸 때, 그리고 재갈을 물리지 않은 후함, 대담한 용기, 반항적인 기쁨, 위험을 감수하는 믿음, 집요한 소망, 파문을 일으키는 은혜, 미친 것 같은 사랑으로 정의되는 삶을 성령을 통하여 살아갈 때, '경청을 받을' 권리를 얻기 위해 구태여 시간을 허비하면서 애쓰지 않아도, 사람들이 필경 우리를 주목할 것이며 우리가 하는 말에 귀를 기울일 것이다. 그들이 당신 삶의 방식을 보고 당신을 주목할 때, 그들과 대화를 나눌 수 있는 기회가 생길 것이며, 그런 대화의 끝 무렵에 그들을 초대할 수 있을 것이다.

그럼 그들을 '어디'로 초대하는가? 교회로?

아니다! 그러면 어디로 초대해야 하는가?

'예수님께'로 초대해야 하는가? '그렇다!'

어쩌면 사람들을 예수님께 곧바로 인도하는 그 자체가 기존의 '주일 중심의 신앙'이라는 유행성 질병을 근절하지는 못할지 모른다. 하지만 우리들 각자가 실천하기 시작할 때, 교회는 분명 기존의 조류를 역류시키기 시작하는 잠재력을 지니게 될 것이다. 만일 우리가 사람들을 예수님을 공전 축으로 회전하기 시작하는 신앙으로 인도한다면 그들의 신앙은 분명 아름다운 궤도를 이탈하지 않을 것이다. 하지만 일단 사람들이 일주일의 어느 특정한 날에 특정한 건물에서 하는 체험을 공전 축으로 회전하는 믿음의 삶을 살기 시작하면 그 구심력求心力을 중단시키기가 무척 힘들어질 것이다.

1. 사람들을 주일 중심의 신앙에 만족하도록 가르치지 않고, 예수님께 직접 인도할 수 있는 방법에 대해 토론해보라.

2. 오늘날의 교회 안에 건재하고 있는 '주일 중심의 신앙'의 흐름을 고치고, 변화시키며, 되돌려놓을 수 있는 방법에는 무엇이 있는가?

3. 사람들을 예수님께 곧장 데려온 안드레의 습관에 대해 서로 이야기해보라. 그런 다음 자신의 삶을 살피면서 과연 누구를 예수님께 데려올 수 있을지 생각해보라. 사람들의 얼굴과 이름을 떠올리면서 구체적으로 생각해보라.

4. 누군가에게 예수님을 전하려면 무엇보다 우선적으로 '경청을 받을' 권리를 얻어야 한다는 혹자의 주장에 동의하는가? 동의한다면 이유가 무엇인가? 만약 동의하지 않는다면 그 이유가 무엇인가?

자비롭고 거룩하신 아버지시여!

주일 중심의 신앙이라는 현실을 변화시킬 수 있는 지혜를 주소서!

주일 아침의 공중예배를 귀하게 여기되

그 위에 저희 신앙을 건축하지 않도록 가르쳐주소서!

또한 사람들을 교회로 초대하는 일과

사람들에게 예수님에 대해 직접 이야기하는 일,

이 두 가지를 조화롭게 잘 수행할 수 있는 법을 가르쳐주소서!

저희가 아버지에 대해 사람들에게 직접 이야기할 기회들을

종종 놓치고 있음을 고백합니다.

이후로는 그런 기회가 있을 때마다

하나라도 놓치지 않게 도와주시고

그런 기회를 얻었을 때 마땅히 해야 할 말을 주소서!

예수님의 이름으로 기도드립니다. 아멘.

16
CHAPTER

창문과 거울

균형적으로 자신을 돌아보기

유리의 두 가지 용도

유리는 다용도의 물질이다. 나는 지금 유리에 둘러싸인 채 책상에 앉아 있다. 글자 그대로가 아니라 비유적으로 그렇다는 뜻이다. 정말로 어떤 사람이 유리에 둘러싸인 채 책상에 앉아 있다면 그보다 더 기이한 모습도 없을 것이다. 어디든지 유리가 있는 것은 분명 유쾌하게 생각되는 환경은 아니다.

외모를 과시하기 좋아하는 사람들은 종종 유리를 주목한다. 그것이 언제나 자신의 모습을 힐끗 쳐다볼 수 있는 기회를 주기 때문이다. 하지만 우리 모두는 유리에 관심을 갖든지 갖지 않든지 언제나 유리에 둘러싸여 있다. 유리는 자동차, 가정, 학교, 식당, 회사, 운동경기장, 공원 등에 사용된다. 형태와 모양, 색상이 모두 다르다.

유리는 두 가지 기본적인 용도를 갖고 있다. 하나는 저쪽 건너편에 있는 것들을 보여주는 것이고 다른 하나는 이쪽 내 앞에 있는 것을 비추는 것이다. 즉 창문과 거울이라 할 수 있다. 창문은 저쪽 건너편에 있는 것들을 보여주고 거울은 이쪽 앞에 있는 것들을 비춘다. 창문과 거울 모두 실체를 엿보고, 쳐다보며, 응시하게 해준다. 그러나 그 둘은 두 가지 다른 실체를 우리들에게 나타내 보여준다.

창문은 도피를 허락한다. 당신 자신의 실체로부터 벗어나게 해준다. 자신의 실체를 직시하는 것을 일시적으로 중단하고 한숨 돌릴 수 있게 해준다.

언젠가 타임스퀘어의 고층 호텔방 창문으로 밖을 내다보면서 까마득한 아래에서 오가는 노란색 택시들과 밝은 불빛들, 다양한 인종의 다양한 사람들을 넋을 잃고 구경했던 기억이 난다. 마이애미에 갔을 때는 객실의 한쪽 벽면을 차지하는 통유리 창문으로 수정처럼 맑은 빛깔의 바다를 응시하면서 몇 시간을 보낸 적도 있었다. 반면 어떤 창문은 말라 비틀어 죽은 관목들만 보여준다. 내가 글을 쓸 때 종종 내다보는 내 집무실 창문이 그러하다. 어떤 창문은 다른 창문보다 훨씬 더 유용하다. 그러나 창문이란 모두 새로운 실체로 우리를 안내하는 통로이다.

거울은 당신이 좋아하든 싫어하든, 당신의 실체를 탐사할 기회를 제공해준다. 거울 앞에서는 아무것도 숨길 수 없다. 당신이 진정 용기 있는 사람이라면 사물을 확대하여 보여주는 거울을 한번 들여다보라. 당신

얼굴의 작은 흉터, 갈라진 틈, 주름, 모공, 여드름, 뾰루지, 두피의 모낭 등 당신의 모든 것을 폭로할 것이다.

어떤 사람은 거울에 비친 자신의 모습을 좋아하고 어떤 사람은 질색한다. 그러나 어떤 경우든지 거울은 당신의 실체를 여과 없이 있는 그대로 드러낸다.

그렇다면 하나 묻겠다. 지금까지 이 책에서 말한 재갈을 물리지 않은 후함, 담대한 용기, 반항적인 기쁨, 위험을 감수하는 믿음, 집요한 소망, 파문을 일으키는 은혜, 미친 것 같은 사랑에 대해 읽으면서 창문을 통해 다른 사람들의 삶을 계속 바라보며 살았는가? 아니면 거울에 비친 당신 자신의 삶을 바라보는 것 같았는가? 창문인가, 거울인가? 아니면 양쪽 다 조금씩 해당되는가?

다른 사람의 삶을 바라보다

창문으로 다른 사람들의 삶을 보았다면 어떻겠는가? 만일 당신이 지금까지 이 책을 읽으면서 창문을 통해 다른 사람의 삶을 보는 것처럼 느껴졌다면 그것은 좋지 못한 표시, 위험 신호 깃발, 경고등처럼 바람직하지 못한 것이다. 정말 그렇다면 당신이 예수님을 가까이에서 따르지 못하고 있는 게 분명하다. 위의 일곱 가지 특질들을 조금이라도 갖고 있지 못하다는 것이 확실하다.

혹은 앞에서 들었던 비유대로, 그리스도를 따르는 사람의 삶에서 일주일 7일 내내, 하루 24시간 내내 두드러지게 나타나는 위의 일곱 가지 붓

자국들이 당신의 자화상에서 두드러지게 나타나지 않는다면 어쩌면 당신은 예수님이라는 분을 닮아가고 있지 않은 것일지도 모른다.

자기 자신의 삶을 바라보다

거울에 비친 당신의 모습을 보았다면 어떻겠는가? 반면에 만일 지금까지 이 책을 읽으면서 거울에 비친 당신 자신의 모습을 보는 것처럼 느껴졌다면 그것 또한 좋지 못한 표시, 위험 신호 깃발, 경고등, 바람직하지 못한 것이다.

물론 당신이, 내가 지금까지 그린 예수님의 초상화에서 당신 자신의 모습을 보는 것이 나의 진실한 소망이다. 그러나 만일 당신이 모든 페이지의 모든 문장에서 당신 자신의 모습을 보았다고 한다면 나는 당신의 정직성을 의심하지 않을 수 없다.

우리가 그리스도인의 삶을 살면서 틀림없이 곤경에 빠지게 되는 때는 "나는 목표에 도달했어!"라고 느끼는 때 혹은 다른 사람이 힘들어하는 문제를 "나는 다 해결했어!"라고 느낄 때이다.

관점의 문제

우리는 균형 잡힌 시각을 잃은 채로 성경을 읽을 수 있다. 그렇다면 우리가 균형을 잃은 채로 성경을 읽고 있다는 것을 어떻게 깨달을 수 있을까? 또한 우리는 자신을 지나치게 과대평가할 수가 있다. 그렇다면 우리가 우리 자신을 지나치게 과대평가하고 있다는 것을 어떻게 알 수 있을까? 방법이 있다. 언제나 고개를 끄덕이면서 예수님의 말씀에 동의하는 자신의 모습을 발견할 때가 바로 그런 때이다.

이 말이 정신 나간 헛소리로 들린다는 것을 잘 알고 있다. 우리가 그리스도인으로서 당연히 예수님께 동의해야 하는 것이 아닌가? 물론 그렇다. 하지만 현재 우리의 논의에서 내가 '예수님께 동의하다'라고 말할 때 그것은 관점의 문제, 즉 제삼자 입장에서 단지 지적으로 동의하는 것을 뜻한다. 아무래도 설명을 좀 해야 할 것 같다.

예수님은 성전에 기도하러 올라간 바리새인과 세리의 이야기를 말씀하셨다.

"두 사람이 기도하러 성전에 올라가니 하나는 바리새인이요 하나는 세리라 바리새인은 서서 따로 기도하여 이르되 하나님이여 나는 다른 사람들 곧 토색, 불의, 간음을 하는 자들과 같지 아니하고 이 세리와도 같지 아니함을 감사하나이다 나는 이레에 두 번씩 금식하고 또 소득의 십일조를 드리나이다 하고 세리는 멀리 서서 감히 눈을 들어 하늘을 쳐다보지도 못하고 다만 가슴을 치며 이르되 하나님이여 불쌍히 여기소서 나는 죄인이로소이다 하였느니라 내가 너희에게 이르노니 이에 저 바리새인이 아니고 이 사람이 의롭다 하심을 받고 그의 집으로 내려갔느니라 무릇 자기를 높이는 자는 낮아지고 자기를 낮추는 자는 높아지리라 하시니라" 눅 18:10-14.

만일 우리가 정직하다면, 이 구절을 읽는 순간 다음과 같은 생각을 하게 된다는 사실을 부인하지 못할 것이다.

'내가 그 바리새인과 같지 않다는 것이 너무 기뻐!'

역설적인 현상이다. 그렇게 생각하지 않는가? 우리가 바리새인과 같지 않다고 기뻐하면서 하나님께 감사드리는 바로 그 순간, 바리새인과 같아지기 때문이다.

이는 우리가 성경을 읽을 때 주의하지 않으면 마치 성경이 다른 누군가에게나 해당되는 말씀이지 나에게는 전혀 해당되는 말씀이 아닌 것처럼 접근할 수 있다는 사실을 입증하는 한 가지 예에 지나지 않는다.

창문과 거울을 골고루 바라보기

하나님 말씀은 검처럼 예리하고 수술용 메스처럼 날카롭다. 하나님 말씀은 우리들의 관절과 골수를 찔러 쪼갠다. 하나님 말씀은 그 말씀을 읽는 사람들에게 영적인 수술을 행한다.

"하나님의 말씀은 살아 있고 활력이 있어 좌우에 날선 어떤 검보다도 예리하여 혼과 영과 및 관절과 골수를 찔러 쪼개기까지 하며 또 마음의 생각과 뜻을 판단하나니"히 4:12.

수술은 고통스럽고 아프다. 수술은 필요하지만 그 자체는 그렇게 유쾌한 경험이 되지 못한다. 하나님 말씀도 마찬가지이다. 하나님 말씀은 예수님 말씀과 마찬가지로 우리에게 꼭 필요하지만 그 말씀을 듣는 것이 언제나 유쾌하고 즐거운 경험은 아니다. 예수님이 성경에서 많은 말씀을 하신 이유는 누군가가 그 말씀들을 들어야 할 필요가 있기 때문이다. 다른 누군가가 아니라 당신과 내가 들어야 할 필요가 있기 때문이다.

그러므로 예수님이 무엇이든 말씀하실 때 만일 당신이 언제나 미소를 한가득 머금고 여유롭게 고개를 끄덕인다면 그것은 곧 당신이, '예수님이 나 아닌 누군가에게 말씀하고 계시거나 혹은 나 아닌 누군가를 수술하고 계신다'라고 생각하고 있다는 표시이다.

하지만 예수님은 바로 당신에게 말씀하고 계신다. 바로 당신을 수술하고 계신다. 예수님께 수술받는 사람은 자기 일이 아닌 것처럼 여유롭게 고개를 끄덕이면서 미소 짓지 않는다. 양심에 찔려 아프고 고통스럽기 때문이다.

당신이 이 책에서 그리스도를 따르는 사람의 삶에서 일주일 내내 하루 24시간 동안 두드러지게 나타나는 일곱 가지 특질들에 대해 읽고 예수님의 초상화를 연구할 때, 한편으로는 창문을 통하여 다른 사람의 삶을 보는 것 같은 느낌도 받고 동시에 거울에 비친 당신 자신의 모습을 보는 것 같은 느낌도 받게 되기를 바란다.

당신이 그리스도를 따르는 사람에게서 항상 나타나는 일곱 가지 특질에 관한 지금까지의 논의에서 당신 자신의 모습을 조금이라도 볼 수 있기를 바란다. 동시에 당신에게는 아직도 성장해야 할 부분들이 많고, 배워야 할 것들이 많으며, 체험해야 할 변화들이 많다는 것을 깨닫게 되기를 소망한다. 랍비를 따르는 제자는 언제나 배워야 할 것들이 많은 법이다. 특히 그 랍비의 이름이 예수 그리스도일 때는 더 그렇다.

성경에서 예수님의 가르침을 읽어나갈 때 당신의 부족함, 당신이 예수님의 기대에 미치지 못하고 있음을 느낄 수도 있다. 그렇다고 해도 실망하거나 낙심하지 말고 용기를 내라. 당신은 '진행 중'이기 때문이다. 나역시 마찬가지이다. 그리고 우리를 만드신 위대한 창조주께서는 어떤 일이라도 미완未完의 상태로 남겨두지 않으실 것이다.

"너희 안에서 착한 일을 시작하신 이가 그리스도 예수의 날까지 이루실 줄을 우리는 확신하노라"빌 1:6.

그러면 그동안 무엇을 해야 하는가? 성경이라는 창문을 통하여 계속 바라보라. 그리고 성령께서 당신 안에서 그 뜻을 따라 역사하시도록 순복하라. 그러면 거울에 비친 당신 모습을 점차 더 많이 보게 될 것이다.

1. 그리스도를 따르는 사람의 삶에서 나타나는 일곱 가지 특질들에 대해 읽으면서 창문을 통해 다른 사람의 삶을 바라보는 느낌을 받았는가? 아니면 거울에 비친 자신의 모습을 보는 느낌을 받았는가? 구체적으로 말해보라.

2. 그러한 특질들 가운데 당신 삶에서 가장 두드러지게 나타나는 것은 무엇인가? 명확하게 드러나지 않거나 혹은 전혀 드러나지 않는 특질들은 무엇인가?

3. 당신은 성경을 읽을 때 예수님이 언제나 당신이 아닌 다른 사람들에게 말씀하고 계신다고 생각하는가? 아니면 예수님이 당신을 수술하고 계신다는 느낌을 받는가? 전자와 같은 생각을 하고 있다면 예수님이 다른 사람들뿐 아니라 당신도 가르치고 계신다는 사실을 꼭 깨닫게 되길 바란다.

4. 예수님을 가까이에서 따르는 것과 관련하여 당신이 어떤 부분에서 성장해야 하는지 구체적으로 말해보라.

자비롭고 거룩하신 아버지시여!

말씀의 능력을 인하여 감사드립니다.

아버지의 말씀이 항상 유쾌한 느낌만을 주는 것도 아니고

성경공부하는 것이 어려울 때도 있지만

저희 삶에 변화를 일으키는 것을 압니다.

저희 안에서 성령의 능력을 통하여 시작하신 변화의 역사를

완벽하게 끝마치실 것이라는 약속을 주셨으니,

그 약속을 인하여 깊이 감사드립니다.

예수님을 따르려면 저희 삶의 어떤 영역들에서

변화를 모색해야 하는지 지속적으로 깨우쳐주시고

저희가 그런 영역을 깨달을 때

저희 자신을 전적으로 아버지의 뜻에

맡길 수 있도록 인도해주소서!

예수님의 이름으로 기도드립니다. 아멘.

17
CHAPTER

최종적인 대답
7일 24시간 예수님을 따르는 자

중차대한 질문

〈누가 백만장자가 되고 싶은가?〉Who Wants to Be a Millionaire?라는 TV 프로그램 제목을 듣고 어처구니가 없었다. 백만장자가 되기를 원하지 않는 사람이 있을까? 그 퀴즈쇼는 미국 방송 역사상 생방송 최다 경력을 보유한 레지스 필빈Regis Philbin이라는 유명한 MC가 진행을 맡았다는 사실 하나만으로도 대중들의 주목을 끌기에 충분했다.

그 프로그램에 그런 제목이 붙은 이유는 모든 참가자들이 100만 달러의 상금을 받을 수 있는 기회를 부여받았기 때문이다. 참가자들은 단지 14개의 객관식 선택형 질문에 연속으로 정확히 대답하기만 하면 상금을 획득할 수 있다. 물론 그 많은 돈을 방송국에서 쉽게 줄 리가 없다. 소수도 아니고 극소수의 사람만이 상금을 획득할 수 있었다. 당연한 것이지만, 단계를 하나씩 통과하고 상금 액수가 올라갈수록 문제가 더 어려워졌기 때문이다. 그리고 참가자들이 대답을 할 때마다 사회자는 으레 다음과 같은 수사학적인 질문을 하곤 했다.

"그것이 당신의 최종적인 대답입니까?"

대부분의 참가자들은 100달러나 200달러의 상금이 걸린 낮은 단계의 문제들을 풀 때는 두 번 생각하지도 않고 자신만만하게 대답했다. 그러나 운 좋게 100만 달러가 걸린 마지막 문제에 도달하면 태도가 완전히 변했다. 누구나 긴장한 기색이 역력했다. 가쁜 숨을 몰아쉬면서, 의자에 엉덩이를 얌전하게 붙이지 못하고 계속 꼼지락거렸다. 그들이 마침내 정답을 내놓고 사회자가 "그것이 당신의 최종적인 대답입니까?"라고 물을 때면 긴장이 최고조에 달했다. 당연히 그럴 수밖에 없다. 100만 달러가 걸린 순간이기 때문이다. 정답을 맞히느냐 아니냐에 따라 정말 많은 것들이 왔다 갔다 하기 때문이다.

단 하나의 이유

그렇다면 우리가 처음에 제기했던 질문에 대답해야 할 때는 어떤가?

"만약에 주일이 존재하지 않는다면 당신이 예수님을 따르는 사람이라는 것을 다른 사람들이 어떻게 알 수 있을까?"

이 질문에 대답해야 할 때 어떤 느낌이 드는가?

긴장되는가? 불안한가? 망설여지는가? 압박감이 느껴지는가?

이 질문에 대해 진지하게 고려해야 한다. 이 질문에 대한 최종적인 대답을 하기 전에 꼭 기억해야 할 사실이 있다. 이 질문의 경우, 우리 그리스도인의 삶의 최종적인 목표가 단지 예수님을 따르는 자들로 세상에 알려지는 것이라고 결론짓기가 매우 쉽다는 점이다. 그러나 단지 예수님을 따르는 자들로 세상에 알려지는 것이 그리스도인의 삶의 최종 목표는 아니다. 우리가 세상 사람들에게 그리스도를 따르는 자들로 알려져야 하는 이유와 목표는 단 하나뿐이다.

그것은 바로 '예수님이 알려지도록 하는 것'이다.

여기에서, 저기에서, 모든 곳에서, 모든 남자와 여자와 아이들에게, 모든 부족과 종족과 나라의 사람들에게 예수님이 알려지도록 하는 것이다. 그것이 우리들의 목표이고 사명이다. 그리스도의 지상명령이다.

"그러므로 너희는 가서 모든 민족을 제자로 삼아 아버지와 아들과 성령의 이름으로 세례를 베풀고 내가 너희에게 분부한 모든 것을 가르쳐 지키게 하라 볼지어다 내가 세상 끝날까지 너희와 항상 함께 있으리라 하시니라" 마 28:19,20.

여기에 차선책은 없다. 우리들이 바로 차선책이기 때문이다.

언젠가 혹자가 "예수님은 하늘로 다시 올라가심으로써 세상에 의해 망각될 위험을 감수했다"라고 말한 적이 있다. 나는 그런 일이 일어나게 그냥 내버려둘 마음이 눈곱만큼도 없다. 당신도 나와 다르지 않다고 본다.

그러므로 우리는 세상 사람들에게 예수님을 따르는 자라는 사실을 나타내되, 예수님의 이름을 더 널리 알리기 위해, 모든 사람에게 그 이름을 전해야 한다. 우리가 예수님을 따르는 자들로 세상에 알려져야 하는 이유와 목적을 이상과 같이 분명하게 밝혔다. 그러면 이제 이 책의 서두에서 던졌던 질문으로 다시 돌아가보자.

"만약에 주일이 존재하지 않는다면 당신이 예수님을 따르는 사람이라는 것을 다른 사람들이 어떻게 알 수 있을까?"

우리의 경우에는 이것이 100만 달러가 걸린 질문, 실로 많은 것들이 걸린 질문, 정말 많은 것들이 왔다 갔다 하는 질문이다. 대답이 필요 없는 수사학적 질문이 아니라 가장 정직하고 명백한 대답을 요하는 중차대한 질문이다.

1. 만약에 주일이 존재하지 않는다면 당신이 예수님을 따르는 사람이라는 것을 누군가가 알아볼 수 있다고 생각하는가? 그렇다면 이유가 무엇인가? 그렇지 않다면 이유가 무엇인가?

2. 위의 질문을 듣고 주변 사람들이 당신에 대해 분명하게 긍정적인 답을 해 줄 수 있을 정도로 담대해져라. 주변 사람들의 도움을 받아 당신의 삶을 최대한 객관적으로 평가해보라. 그리고 당신이 삶의 어떤 영역에서 예수님의 뜻대로 행하고 있지 않은지 생각해보라. 예수님을 잘 따를 수 있도록 서로 책임감을 갖고 도와주는 삶을 살라.

3. 우리 삶의 사명과 목표는 예수님을 잘 알리는 것이다. 당신은 그러한 목표를 이루기 위해 활동적으로 살고 있는가? 만일 당신이 이러한 책임에 수동적이라면, 그러한 사명을 수행하기 위해 당신 삶에서 모색해야 할 변화에는 무엇이 있을지 생각해보라.

자비롭고 거룩하신 아버지시여!

저희가 아버지를 따르는 자들로 알려지기를 원합니다.

그리하여 아버지를 확실하게 알릴 수 있는

무수한 기회들을 얻게 되기를 소원합니다.

저희 직장과 집 주변에는 아버지를 알아야 할 필요가 있는 사람이

너무나도 많습니다.

저희를 통하여 아버지의 영광을 나타내주소서.

또한 아버지를 따르는 다른 성도들을 통하여

아버지를 그들에게 알려주소서!

가장 명백하고 확실하게 알려주소서!

아버지를 위해 살기를 원합니다.

저희가 어디를 가고 누구를 만나든지 아버지를 따르는 사람임을

충분히 나타낼 수 있는 삶을 살 수 있기를 소원합니다.

저희 자신을 알리기 위해서가 아니라

아버지를 높이기 위해 살기를 소망하오니, 은혜를 내려주소서.

예수님의 이름으로 기도드립니다. 아멘.

18
CHAPTER

진짜 그리스도인
기꺼이 명예로운 비난을 받는 자

위험한 존재로 살기

많은 사람들이 바다를 무서워한다. 내 아내도 그들 중 하나다. 그러한 유형의 두려움을 전문용어로 '해양 공포증'이라고 한다(내가 해양 공포증에 걸린 여인과의 결혼을 그토록 꿈꿨다니). 사람들이 바다를 두려워하는 이유는 파도의 위력, 해파리 독에 쏘일 개연성, 생각만 해도 오싹해지는 무시무시한 삼각형 등지느러미를 가진 상어의 갑작스런 근접 출몰 등 여러 가지가 있다. 우연의 일치겠지만, 실제로 〈죠스〉라는 영화가 개봉된 1975년에 '상어 공포증'이 유행병처럼 전국으로 확산되기도 했다. 그런데 내 아내는 자신의 해양 공포증이 상어와는 무관하다고 주장한다. 자신의 두려움은 그저 바다라는 광막한 미지의 세계에 대한 두려움일 뿐이라고 주장한다. 하지만 나는 아내가 실제로는 상어가 무서워서 그러는 것이라고 생각하고 있다.

지구과학을 연구하는 과학자들은 지표면의 3분의 2가 물로 덮여 있고 그 물의 전체 부피가 대략 12해1해는 10의 20제곱 리터에 달한다고 말한다. 현재 많은 나라가 광범위하게 바다를 연구하고 있고, 심해 탐사도 흔하게 이루어지고 있지만 바다는 아직도 우리에게 미지의 세계로 남아 있다.

예수님은 자신을 따르라고 우리를 초대하실 때 빗물 고인 얕은 웅덩이에서 철퍼덕거리라고 하지 않으신다. 바다라는 깊고 광대한 미지의 세계로 초대하신다. 그 여정은 안전하지 않다. 전혀 예측 불가능하여 계획을 세울 수 없다. 예수님을 따르는 것은 위험하다. 그러나 여기서 꼭 알아두어야 할 사실 하나는, 당신이 위험을 무릅쓰고 진정으로 예수님을 따를 때 당신 자신 또한 다른 사람들에게 '위험한 존재'가 된다는 것이다.

나는 '위험한'이라는 단어를 듣거나 읽거나 쓸 때마다 사도행전에 나오는 초대교회와 예루살렘의 작은 다락방에 옹기종기 앉아 있던 소수의 성도들이 떠오른다. 그러나 그 소수의 성도들에게서 시작된 것이 금세 수천 명의 성도들에게로 확대되었다. 이것은 나의 개인적인 추측이 아니라 성경에 기록된 명백한 사실이다. 사도행전 2장에서 베드로가 설교를 마친 뒤에 사람들을 예수님께 초대했다. 베드로와 함께했던 소수의 성도들이 옆에서 찬송을 부르는 동안 3천 명의 사람들이 앞으로 나와서 자신의 죄를 회개하고, 예수 그리스도의 이름으로 세례를 받았다. 물론 그때 정확히 어떤 찬송을 불렀는지 모르지만, 불같은 성령의 역사가 일어났다.

"하나님을 찬미하며 또 온 백성에게 칭송을 받으니 주께서 구원받는 사람을 날마다 더하게 하시니라"행 2:47.

"말씀을 들은 사람 중에 믿는 자가 많으니 남자의 수가 약 오천이나 되었더라"행 4:4.

"믿고 주께로 나아오는 자가 더 많으니 남녀의 큰 무리더라"행 5:14.

영광스러운 비난을 갈망하기

초대교회의 양적인 성장에 대한 이야기는 당시의 교회에 관하여 직접적 혹은 간접적으로 말하는 사도행전의 구절을 인용하면서 계속 이어갈 수 있지만 여기서는 생략하기로 한다.

여기서 강조하고 싶은 점은 AD 1세기 중엽의 교회가 주변 세상에 강력한 영향을 끼칠 때, 폭발적이고 멈출 수 없는 위험한 운동의 주체로 기술되어 있다는 것이다. 당대의 정치적·종교적 지도자들은 심지어 교회가 예수님의 이름으로 세상을 어지럽히고 있다고 비난했다행 17:6 참조. 당시의 성도들은 세상이 비난한 것처럼 실제적 의미에서 진짜로 세상을 어지럽히고 있었다. 이 세상의 가치를 거꾸로 뒤집어놓고 있었다.

나도 초대교회 성도들이 받았던 비난을 이 시대에 받고 싶다. 예수님의 이름으로 세상을 거꾸로 뒤집어놓고 있다는 맹렬한 비난을 받고 싶다. 내가 섬기고 있는 교회도 그런 비난을 받았으면 좋겠다. 당신이 지금 섬기고 있는 교회도 마찬가지의 복을 받았으면 좋겠다.

그러나 이 세상 사람들에게 그런 '명예로운' 비난을 받으려면 우리가 예수님을 위해 살고 있다는 것을 세상 사람들이 알아볼 수 있게 해야 한다. 예수님을 향한 우리의 사랑과 헌신을 명백하게, 손으로 만져서 알 수 있게, 공공연하게, 노골적으로, 혼동할 여지없이, 가장 생생하고 분명하게 드러내야 한다.

설령 주일이 존재하지 않는다고 해도 말이다.

자비롭고 거룩하신 아버지시여!

저희가 아버지를 따르는 자들로서 그리고 아버지의 교회로서 다시 위험할 정도로 영향력 있는 사람들이 되게 해주소서! 저희가 그리스도의 제자로서 확실하고 분명한 태도를 취하는 삶을 살 수 있도록 도우시고 가르쳐주소서! 그리하여 주변 사람이 저희를 주목하지 않을 수 없게 해주소서! 성령의 능력을 저희 안에서 폭발시키시되 세상 사람이 저희에게 예수님의 이름으로 세상을 전복시킨다고 맹렬하게 비난할 만큼 확실하고 두드러지게 폭발시키소서!

전능하신 아버지시여! 사도행전에서 행하셨던 일들을 지금도 저희들 가운데서 행하실 수 있음을 굳게 믿고 담대하게 구하오니 다시 행하소서! 주여, 다시 행하소서! 이 시대에 저희에게 주께서 원하시는 진정한 부흥을 허락하소서! 예수님의 이름으로 기도드립니다. 아멘.

리얼

초판 1쇄 발행	2014년 4월 18일
지은이	제이미 스나이더
옮긴이	배웅준

펴낸이　여진구
책임편집　2팀 | 최지설, 김나연
편집　1팀 | 이영주, 김수미　　3팀 | 안수경, 유혜림　　4팀 | 김아진, 김소연
책임디자인　이혜영, 황혜정 | 전보영, 마영애
기획 · 홍보　이한민　　　　　　　　　　　　해외저작권　김나은
마케팅　김상순, 강성민, 허병용, 이기쁨　　마케팅지원　최태형, 최영배, 이명희
제작　조영석, 정도봉　　　　　　　　　　　경영지원　김혜경, 김경희

이슬비전도학교　최경식, 전우순　　　　　　303비전성경암송학교　박정숙, 정나영, 정은혜
303비전장학회 & 303비전꿈나무장학회　여운학

펴낸곳　규장

주소　137-893 서울시 서초구 양재2동 205 규장선교센터
전화　02)578-0003　팩스　02)578-7332
이메일　kyujang@kyujang.com　홈페이지　www.kyujang.com
트위터　twitter.com/_kyujang　페이스북　facebook.com/kyujangbook
등록일　1978.8.14. 제1-22

ⓒ한국어 판권은 규장에 있습니다.
이 출판물은 저작권법에 의해 보호를 받는 저작물이므로 무단 전재와 무단 복제를 할 수 없습니다.

책값　뒤표지에 있습니다.
ISBN　978-89-6097-341-1　03230

규 | 장 | 수 | 칙

1. 기도로 기획하고 기도로 제작한다.
2. 오직 그리스도의 성품을 사모하는 독자가 원하고 필요로 하는 책만을 출판한다.
3. 한 활자 한 문장에 온 정성을 쏟는다.
4. 성실과 정확을 생명으로 삼고 일한다.
5. 긍정적이며 적극적인 신앙과 신행일치에의 안내자의 사명을 다한다.
6. 충고와 조언을 항상 감사로 경청한다.
7. 지상목표는 문서선교에 있다.

하나님을 사랑하는 자 곧 그의 뜻대로 부르심을 입은 자들에게는 모든 것이 合力하여 善을 이루느니라(롬 8:28)

규장은 문서를 통해 복음전파와 신앙교육에 주력하는 국제적 출판사들의
협의체인 복음주의출판협회(E.C.P.A:Evangelical Christian Publishers
Association)의 출판정신에 동참하는 회원(Associate Member)입니다.